小・中・高等学校

総合的な学習・探究の時間の指導

－新学習指導要領に準拠した理論と実践－

中園大三郎

松田　　修

中尾　豊喜

編著

学術研究出版

は じ め に

　総合的な学習の時間は，国際化や情報化をはじめとする社会の急速な変化を踏まえ，児童生徒の自ら学び自ら考える力などの全人的な生きる力の育成を目指し，教科などの枠を超えた横断的・総合的な学習を行うために生まれ，小・中学校は2002（平成14）年度より全面実施，翌年度には高等学校においても年次進行で実施されてきた。その後，高等学校における名称は，2018（平成30）年度，「総合的な探究の時間」に変更された。そこで，本書籍名は，小・中・高等学校の内容を包括的に表す「総合的な学習・探究の時間」の名称を用いている。

　創設されたばかりの「総合的な学習・探究の時間」は教科書の無い学習であるが，現在では，各学校における総合的な学習・探究の時間の教育課程上の位置付けは明確化され，教育課程の編成に当たって中心的な位置を占めるようになり，今後，ますますこの時間の授業は重視される状況にある。その結果，各地の多くの学校において，創意工夫を生かした特色のある研究や実践が取り組まれ，発表されている。その成果は，2015（平成27）年度の全国学力・学習状況調査において，総合的な学習の時間で探究のプロセスを意識した学習活動に取り組んでいる児童生徒ほど各教科の正答率が高い傾向にある結果が発表され，国際的に高く評価されていることに表れている。

　総合的な学習・探究の時間の特徴は，体験学習や問題解決学習の重視，学校・家庭・地域の連携等にあり，これらの学習過程を通して育まれる資質・能力は，児童生徒の「生きる力」となり，ますます重要な役割を果たすものである。

さらには，これからの「知識基盤社会」の時代において，基礎的・汎用的学力を培う実践の場となる教育活動であることも踏まえ，本書の執筆に当たった。

　本書の特色は，この時間の特質である横断的・総合的な学習を重視し，小学校から高等学校までの内容で編集していること，また，この時間の基礎的知識とそれらを具体的にイメージできる実践事例を豊富に提示し，理論と実践の融合に努めていること等にある。本書が研究や実践に広く活用され，22世紀に向かう児童生徒たちの生きる力，基礎的・汎用的な学力の育成につながることや本書を活用される読者のお役に立てることを願っている次第である。

　さらに，この度の教育職員免許法の改正に伴い，「総合的な学習の時間の指導法」が教職課程の必修科目となったことも踏まえ，そのためのテキストとして本書を執筆しているので，指導教員の方々にも寄与することができれば誠に幸甚である。

　むすびに，本書の刊行に当たり，ご協力いただいた各位や，編集でご尽力を賜った学術研究出版の湯川祥史郎・黒田貴子両氏には，心からの謝意を表したい。

2023（令和5）年3月15日
　　　　　編著代表　元兵庫教育大学大学院特任教授　　中園　大三郎

目 次

第1章 総 説

第2章 「総合的な学習・探究の時間」の目標

第3章 各学校において定める目標及び内容

第4章　指導計画の作成と内容の取扱い

第5章　指導計画の作成

第6章　「総合的な学習・探究の時間」の指導計画

第7章　「総合的な学習・探究の時間」の学習指導

第8章　「総合的な学習・探究の時間」の評価

第9章　「総合的な学習・探究の時間」を充実する体制づくり

第10章　実践事例（小・中・高等学校）

資　料

○　文部科学省『小学校学習指導要領』　第5章　総合的な学習の時間

○　文部科学省『中学校学習指導要領』　第4章　総合的な学習の時間

○　文部科学省『高等学校学習指導要領』　第4章　総合的な探究の時間

附　記

1. 本書籍名について

　　本書籍名「総合的な学習・探究の時間の指導」は，小・中学校の「総合的な学習の時間」と高等学校の「総合的な探究の時間」を包括的に表している。また，文中において，双方の名称を「この時間」の表記にしている。

2. 本書籍の「観点別評価」の表記について

　新学習指導要領において各教科等で目指す資質・能力としてア.「知識及び技能」イ.「思考力，判断力，表現力等」ウ.「学びに向かう力，人間性等」の三つの柱が示され，この資質・能力が評価観点の基本となる。この内，ウの資質・能力を評価観点とする表記については，本書籍では 2016（平成 28）年 12 月，中央教育審議会答申で示された「主体的に学習に取り組む態度」に合わせている。

3. 「コラム」（囲み記事）について

　本書籍の各章では取り上げられなかった総合的な学習・探究の時間及び関連事項のキーワードについて解説し，基本的な事項や意味の明確化・共有化を図れるようにしている。

小・中学校連携「地域の人々から園芸を学ぼう」

第1章 総　説

第1節　「総合的な学習・探究の時間」の創設と経緯

1998 (平成10) 年の学習指導要領の改訂において，総合的な学習の時間は創設され現在に至っている。ここでは，主に中央教育審議会答申の内容に基づいて，総合的な学習の時間の創設と経緯及びその趣旨を述べる。

表1-1　総合的な学習の時間の創設及び経緯

年　月	内　容
1996 (平成8) 年7月	○　中央教育審議会 (第一次答申) の中において，総合的な学習の時間については，これからの教育の在り方として「ゆとりの中で『生きる力』をはぐくむ」ことの方向性が示され，総合的な学習の時間の創設が答申された。この答申では，一定のまとまった時間 (以下，「総合的な学習の時間」と称する。) を設けて横断的・総合的な指導を行うことが提言された。
1998 (平成10) 年7月	○　教育課程審議会の答申において，各学校が創意工夫を生かした特色ある教育活動の展開のためのあらたな時間として総合的な学習の時間を創設することが提言された。
1998 (平成10) 年12月	○　学習指導要領の改正により，小・中学校において「総合的な学習の時間」が教育課程上に新設され，総則でその趣旨，ねらい，授業時数等が定められた。

年　月	内　　容
1999 （平成11）年3月	○　高等学校学習指導要領改正において，総合的な学習の時間が教育課程上に位置付けられ，総則でその趣旨，ねらい，授業時数等が定められた。
2000 （平成12）年12月	○　教育課程審議会の答申においては，「児童生徒の学習と教育課程の実施状況の評価の在り方について」提言され，ここでは，総合的な学習の時間の評価については，学習の状況や成果などについて，児童生徒のよい点，学習に対する意欲や態度，進歩の状況などを踏まえて評価することが適当であり，数値的な評価をすることは適当ではないと示された。
2002 （平成14）年	○　小・中学校において，総合的な学習の時間は全面実施となった。
2003 （平成15）年10月	○　高等学校において，年次進行で実施されることになった。盲・聾・養護学校では，2002（平成14）年度から各学校段階に準じて実施。 ○　12月に，学習指導要領の一部が改正され，各教科や道徳，特別活動で身に付けた知識や技能等を関連付け，学習や生活に生かし総合的に働くようにすること，各学校において総合的な学習の時間の目標及び内容を定めるとともにこの時間の全体計画を作成する必要があること，教師が適切な指導を行うとともに学校内外の教育資源の積極的な活用などを工夫する必要があることについて学習指導要領に明確に位置付けられた。
2008 （平成20）年1月	○　中央教育審議会の答申において，総合的な学習の時間の課題を指摘し，総合的な学習の時間の基本方針が示された。

年　月	内　　容
2016 （平成28）年12月	○　中央教育審議会の答申において，以下の内容が示された。特筆すべき改訂であり，知・徳・体にわたる「生きる力」を子どもたちに育むために，全ての教科等の目標及び内容を「知識及び技能」，「思考力，判断力，表現力等」，「学びに向かう力，人間性等」の三つの柱で再整理された。このことは，総合的な学習の時間も同様である。 ●　総合的な学習の時間の改定趣旨や方向性を踏まえた内容の概要は次の通りである。 　　総合的な学習の時間は，教科等の枠を超えた横断的・総合的な学習とすることと同時に，探究的な学習や協働的な学習とすることが重要であるとしてきた。特に，探究的な学習を実現するため，①課題の設定→②情報の収集→③整理・分析→④まとめ・表現の探究のプロセスを明示し，学習活動を発展的に繰り返し重視することが示された。 　　全国学力・学習状況調査の分析等を踏まえ，課題と更なる期待として，以下の点が示された。 ●　総合的な学習の時間を通してどのような資質・能力を育成するのかということや，総合的な学習の時間と各教科等との関連を明らかにするということについては学校により差がある。これまで以上に総合的な学習の時間と各教科等の相互の関わりを意識しながら，学校全体で育てたい資質・能力に対応したカリキュラム・マネジメントが行われるようにすることが求められている。 ●　探究のプロセスの中でも「整理・分析」，「まとめ・表現」に対する取組が十分ではないという課題がある。探究のプロセスを通じた一人一人の資質・能力の向上をより一層意識することが求められる。

年　月	内　　容
2016 （平成28）年12月	・　総合的な学習の時間の改訂の要点として，まず，改訂の基本的な考え方については，「探究的な学習の過程を一層重視し，各教科等で育成する資質・能力を相互に関連付け，実社会・実生活において活用できるものとするとともに，各教科等を越えた学習の基盤となる資質・能力を育成する」と示された。 ・　総合的な学習の時間の目標の改善としては，「探究的な見方・考え方を働かせ，横断的・総合的な学習を行うことを通して，よりよく課題を解決し，自己の生き方を考えていくための資質・能力を育成することを目指すものであることを明確化した」と示された。また，「教科等横断的なカリキュラム・マネジメントの軸となるよう，各学校が総合的な学習の時間の目標を設定するに当たっては，各学校における教育目標を踏まえて設定すること」が示された。
2017 （平成29）年7月	○　学習指導要領の改正により，小・中学校における「総合的な学習の時間」は，上記の中央教育審議会答申を踏まえた内容で示された。
2018 （平成30）年12月	○　中央教育審議会答申において，高等学校における「総合的な学習の時間」の名称は，「総合的な探究の時間」と示された。

資料-1　総合的な学習の時間の改善の基本方針（概要）[1]

○　総合的な学習の時間は，変化の激しい社会に対応して，自ら課題を見付け，自ら学び，自ら考え，主体的に判断し，よりよく問題を解決する資質や能力を育てることなどをねらいとすることから，思考力，判断力，表現力等が求められる「知識基盤社会」の時代においてますます重要な役割を果たすものである。

総合的な学習の時間については，その課題を踏まえ，基礎的・基本的な知識及び技能の定着やこれらを活用する学習活動は，教科で行うことを前提に，体験的な学習に配慮しつつ，教科等の枠を超えた横断的・総合的な学習，探究的な活動となるよう充実を図る。

○　総合的な学習の時間の教育課程における位置付けを明確にし，指導の充実を図るため，総合的な学習の時間の趣旨等について，総則から取り出し新たに章立てをする。

○　総合的な学習の時間と各教科，選択教科，特別活動のそれぞれの役割を明確にし，これらの円滑な連携を図る観点から，総合的な学習の時間におけるねらいや育てたい力を明確にすることが求められる。

○　学校段階間の取組の重複の状況を改善するため，子供たちの発達の段階を考慮し，各学校における実践を踏まえ，各学校段階の学習活動の例示を見直す。また，学校段階間の連携について配慮する。

2008（平成20）年1月　中央教育審議会の答申

第2節　「総合的な学習・探究の時間」のねらい

これからの学校教育においては，児童生徒に「生きる力」を身に付けさせることが最も重要であると考え，その「生きる力」を育むための具体的な取組として，総合的な学習の時間が創設され，教育の質的転換を図ることになった。

創設されたこの時間のねらいについては，1998（平成10）年7月の教育

課程審議会答申において以下の内容で示された。

総合的な学習の時間のねらい[2]

1.　各学校の創意工夫を生かした横断的・総合的な学習や児童生徒の興味・関心等に基づく学習などを通じて，自ら課題を見付け，自ら学び，自ら考え，主体的に判断し，よりよく問題を解決する資質や能力を育てること
2.　情報の集め方，調べ方，まとめ方，報告や発表・討論の仕方などの学び方やものの考え方を身に付けること
3.　問題の解決や探究活動に主体的，創造的に取り組む態度を育成すること
4.　自己の生き方についての自覚を深めること

　上記の答申には，「これらを通じて，各教科等それぞれで身に付けられた知識や技能などが相互に関連付けられ，深められ児童生徒の中で総合的に働くようになるものと考える」と述べられている。

　これらのねらいを踏まえ，この時間の学習活動は，地域や学校の実態に応じ，各学校が創意工夫を十分発揮して展開するものである。具体的な学習活動としては，例えば国際理解，情報，環境，福祉・健康などの横断的・総合的な課題，児童生徒の興味・関心に基づく課題，地域や学校の特色に応じた課題などについて，適宜学習課題や活動を設定して展開することが考えられる。

第3節　「総合的な学習の時間」の教育課程上の位置付け

　「総合的な学習の時間」の教育課程上の位置付けについては，1998（平成10）年7月の教育課程審議会答申において，下記の内容で示され，学校教育法施行規則として各学校においては教育課程上必置することが定められた。

「総合的な学習の時間」の教育課程上の位置付け[3]

> ○　総合的な学習の時間の教育課程における位置付けを明確にし，各学校における指導の充実を図るため，総合的な学習の時間の趣旨等について，総則から取り出し新たに章立てをする。

　「総合的な学習の時間」の教育課程上の位置付けは，各学校において創意工夫を生かした学習活動であること，この時間の学習活動が各教科等にまたがるものであること等から考えて，国が目標，内容等を示す各教科等と同様なものとして位置付けることは適当ではないと考える。このため，国がその基準を示すに当たっては，この時間のねらい，この時間を各学校における教育課程上必置とすることを定めるとともに，それに充てる授業時数などを示すにとどめることとし，各教科等のように内容を規定することはしないことが適当であると示されている。したがって，教科書が無いので，年間指導計画の立案や実施は，教員集団で相互理解して取り組まなければならない。

　高等学校においては，生徒の学習成果がこの時間のねらいからみて満足できると認められるものについては単位を与え，この単位は卒業に必要な修得単位数に含めることが適当であることも示されている。

　「総合的な学習の時間」のこのような特質にかんがみ，教育課程基準上の名称については「総合的な学習の時間」とすることとし，各学校における教育課程上の具体的な名称については，各学校において定めるようにすることが妥当であると明記された。

　さらに，教育課程審議会答申では，総合的な学習の時間において，補充学習のような専ら特定の教科の知識・技能の習得を図る教育が行われたり，運動会の準備などと混同された実践が行われたりしている例も見られることや学校間・学校段階間の取組の実態に差がある状況を改善する必要がある。そのため，教科において，基礎的・基本的な知識・技能の確実な習得やその活用を図るための時間を確保することを前提に，総合的な学習の時

間と各教科，選択教科，特別活動のそれぞれの役割を明確にし，これらの円滑な連携を図る観点から，総合的な学習の時間におけるねらいや育てたい力を明確にすることが求められること等が示された。

※　上記の下線部分，高等学校では「総合的な学習の時間」の名称は，2018（平成30）年12月の中央教育審議会答申において，「総合的な探究の時間」と示された。

したがって，以上に基づき各学校においては，地域や学校の実態に応じて，創意工夫を行い，特色ある教育活動を展開できるような時間を確保しなければばらない。

第4節　「総合的な学習・探究の時間」の年間授業時数

2019（平成31）年4月1日施行の学校教育法施行規則（抄）で示された小・中学校の「総合的な学習の時間」の授業時数等の取扱いは次の通りである。

小・中学校「総合的な学習の時間」の授業時数等の取扱いについて [4]

「総合的な学習の時間」における学習活動により，特別活動の学校行事に掲げる各行事の実施と同様の成果が期待できる場合においては，総合的な学習の時間における学習活動をもって相当する特別活動の学校行事の実施に替えることができる。（高等学校も同様である。）

[小・中・高等学校の総合的な学習・探究の時間の年間授業時数・単位数]

1　小・中学校の年間授業時数

小学校では，低学年において総合的な性格をもつ教科である生活科が設定されていることや，生活科を中核とした他教科との合科的な指導が進められていることなどを考慮して，第3学年以上に設定された。

表1-2　小学校の総合的な学習の時間の年間授業時数[5]

学　年	第3学年	第4学年	第5学年	第6学年
時　数	70	70	70	70

　中学校では，小学校での学習内容等を踏まえ各学校において創意工夫を生かした特色ある教育課程の編成が行える時数が設定された。

表1-3　中学校の総合的な学習の時間の年間授業時数[6]

学　年	第1学年	第2学年	第3学年
時　数	50	70	70

② 高等学校の年間授業時数

　高等学校では，一人一人の生徒の実態に応じた多様な学習や各学校の特色に応じた教育の展開を可能とするため，「総合的な探究の時間」に充てる授業時数及び単位数に幅を設けるものとすると設定された。

高等学校の総合的な探究の時間の年間授業時数の配当[7]

(2)　総合的な探究の時間の授業時数の配当については，卒業までを見通して3〜6単位（105〜210単位時数）を確保するとともに，学校や生徒の実態に応じて，適切に配当することとしている。卒業までの各学年次の全てにおいて実施する方法のほか特定の年次において実施する方法も可能である。また，年間35週行う方法のほか，特定の学期又は期間に行う方法を組み合わせて活用することも可能である。通信制の課程における扱いは，学習指導要領第1章総則2款の5に規定している。

引用文献

1) 中央教育審議会（答申）『幼稚園，小学校，中学校，高等学校及び特別支援学校の学習指導要領等の改善について』2008（平成20）年　pp.130-131

2) 教育課程審議会（答申）『幼稚園，小学校，中学校，高等学校，聾学校，養護学校の教育課程の基準の改善について』1998（平成10）年　p.130

3) 同上書答申　p.131

4) 文部科学省『高等学校学習指導要領解説　特別活動編』学校図書　平成30年　p.68

5) 文部科学省『小学校学習指導要領解説　総合的な学習の時間編』東洋館出版社　平成30年　p.151

6) 文部科学省『中学校学習指導要領解説　総合的な学習の時間編』東山書房　平成30年　p.147

7) 文部科学省『高等学校学習指導要領解説　総合的な探究の時間編』学校図書　平成31年　p.146

参考文献

○中央教育審議会（第1次答申）『21世紀を展望した我が国の教育の在り方について』1996（平成8）年

○文部科学省『小学校学習指導要領（平成29年告示）解説　総合的な学習の時間編』東洋館出版社　平成30年

○文部科学省『中学校学習指導要領（平成29年告示）解説　総合的な学習の時間編』東山書房　平成30年

○文部科学省『高等学校学習指導要領（平成29年告示）解説　総合的な探究の時間編』学校図書　平成31年

○教育課程審議会（答申）『幼稚園，小学校，中学校，高等学校，聾学校及び養護学校の教育課程の基準の改善について』1998（平成10）年

○教育課程審議会（答申）『児童生徒の学習と教育課程の実施状況の評価の在り方について』2000（平成12）年

中学生 「活発な意見発表の様子」

コラム-1 「生活科」と「総合的な学習・探究の時間」

　小学校低学年における「生活科」は「教科」であり，同中学年から高等学校に至る「総合的な学習・探究の時間」（以下，「総合」）は「教科外」である点が，まず異なる。しかし，自己実現に向けて取り組む学習活動と，育成を目指す資質・能力には，類似する点が多い。

「生活科」が培う認識には，社会認識・自然認識・自己認識の三つがある。児童は色々なことに興味・関心を抱き，体験や活動を通して，個々に何かに気付いていくことでこの認識を意識化していく。その後，自分の身近な社会の事柄は「社会科」，自然の現象は「理科」へと教科編成され，それぞれの教科特有の「見方・考え方」（つまり，社会認識・自然認識）を深めていく。

　他方，自己認識に関しては，人・社会や自然と双方向的に関わることで，いつしか自立し，自分自身や自分の生活を豊かで大事にするという価値観を身に付けていく。この価値観は，「総合」における，「生き方」（高校では，「在り方生き方」）を考えることにつながる。この時間，横断的・総合的な知識及び技能を駆使し，探究的な学習の過程を辿ることで，科学的な思考や認識，合理的な判断の基礎を築くことができ，解決への見通しがもてるようになる。

　この総合的な学びは，卒業後の実社会や日常生活においても，社会で求められる資質・能力を自ら育み，生涯にわたって探究を深めていこうとする「未来の創り手」として，生かされることであろう。

（村田卓生）

（参考文献）解説教育六法編集委員会編『解説教育六法2020令和2年度版』三省堂

第2章 「総合的な学習・探究の時間」の目標

第1節 「総合的な学習・探究の時間」の目標の構成

① 小・中学校「総合的な学習の時間」の目標の構成

小[1)]・中学校[2)]「総合的な学習の時間」の目標の構成

第1 目標

　探究的な見方・考え方を働かせ，横断的・総合的な学習を行うことを通して，よりよく課題を解決し，自己の生き方を考えていくための資質・能力を次のとおり育成することを目指す。
(1) 探究的な学習の過程において，課題の解決に必要な知識及び技能を身に付け，課題に関わる概念を形成し，探究的な学習のよさを理解するようにする。
(2) 実社会や実生活の中から問いを見いだし，自分で課題を立て，情報を集め，整理・分析して，まとめ・表現することができるようにする。
(3) 探究的な学習に主体的・協働的に取り組むとともに，互いのよさを生かしながら，積極的に社会に参画しようとする態度を養う。

　目標の前段に示されている第1の目標は，大きく分けて二つの要素で構成されている。

　一つは，総合的な学習の時間に固有な見方・考え方を働かせて，横断的・総合的な学習を行うことを通して，よりよく課題を解決し，自己の生き方を考えていくための資質・能力を育成するという，この時間の特質を踏まえた学習過程の在り方である。

　もう一つは，後段の(1)，(2)，(3)に示されているこの時間を通して育成す

ることを目指す資質・能力である。これらの資質・能力は，他教科等と同様に，(1)では「知識及び技能」，(2)では「思考力，判断力，表現力等」，(3)では「学びに向かう力，人間性等」が示されている。

② 高等学校「総合的な探究の時間」の目標の構成

高等学校「総合的な探究の時間」の目標の構成[3]

> **第1　目標**
>
> 　探究の見方・考え方を働かせ，横断的・総合的な学習を行うことを通して，自己の在り方生き方を考えながら，よりよく課題を発見し解決していくための資質・能力を次のとおり育成することを目指す。
>
> (1) 　探究の過程において，課題の発見と解決に必要な知識及び技能を身に付け，課題に関わる概念を形成し，探究の意義や価値を理解するようにする。
>
> (2) 　実社会や実生活と自己の関わりから問いを見いだし，自分で課題を立て，情報を集め，整理・分析して，まとめ・表現することができるようにする。
>
> (3) 　探究に主体的・協働的に取り組むとともに，互いのよさを生かしながら，新たな価値を創造し，よりよい社会を実現しようとする態度を養う。

　目標の前段に示されている第1の目標は，大きく分けて二つの要素で構成されている。

　一つは，総合的な学習の探究に固有な見方・考え方を働かせて，横断的・総合的な学習を行うことを通して，自己の在り方生き方を考えながら，よりよく課題を解決していくための資質・能力を育成する総合的な探究の時間の特質を踏まえた学習過程の在り方である。

　もう一つは，後段の(1)，(2)，(3)に示されているこの時間を通して育成することを目指す資質・能力である。これらの資質・能力は，他教科等と同様に，(1)は「知識及び技能」，(2)は「思考力，判断力，表現力等」，(3)は「学び

に向かう力，人間性等」が示されている。

第2節　「総合的な学習・探究の時間」の目標の趣旨

① 「総合的な学習・探究の時間」の特質に応じた学習の在り方

　総合的な学習・探究の時間と各教科等の相互の関わりを意識しながら，学校全体で育成を目指す資質・能力に対応した学習を展開することが大切となる。また，探究の過程の中で「整理・分析」「まとめ・表現」に対する取組をさらに充実させることや探究の過程を通した一人一人の資質・能力の向上をより一層意識した指導の充実が求められる。そのような観点から，学習指導要領において，総合的な学習・探究の時間の特質に応じた学習の在り方として次の三点が挙げられている。

1．探究的な見方・考え方を働かせる
　探究的な学習の過程を総合的な学習の時間の本質と捉え，中心に据えることを意味している。また，高等学校の総合的な探究の時間を小・中学校の総合的な学習の時間の更なる発展充実という観点から高等学校では，「探究の見方・考え方を働かせる」としている。

(1)　探究的な学習における児童生徒の学習の姿
　総合的な学習・探究の時間における学習では，問題解決的な活動が発展的に繰り返されていく。これを探究的な学習と呼び，図2-1に高等学校の場合の「探究における学習の姿」を示すが，小・中学校においても同様の図が学習指導要領解説に取り上げられている。
　本図より，探究的な学習，探究における学習として「①課題の設定」「②情報の収集」「③整理・分析」「④まとめ・表現」といった一連の学習過程が示された。

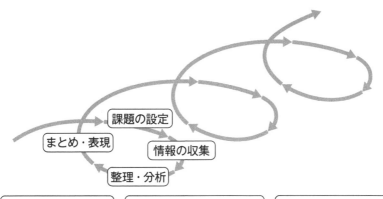

図2-1 探究的な学習における児童生徒の学習の姿[4]

① 課題の設定

　　日常生活や社会に目を向けた時に湧き上がってくる疑問や関心に基づいて，自ら課題を見付ける。

② 情報の収集

　　自らの課題を見付け，具体的な問題について情報を収集する。

③ 整理・分析

　　収集した情報を整理・分析したり，知識や技能に結び付けたり，考えを出し合ったりしながら問題の解決に取り組む。

④ まとめ・表現

　　明らかになった考えや意見などをまとめ・表現し，そこからまた新たな課題を見付け，更なる問題の解決を始める。

(2) 探究的な見方・考え方

① 各教科等における見方・考え方を総合的に働かせる

　　実社会・実生活における問題は，どの教科等の特質に応じた視点や捉え方で考えればよいか決まっていない。扱う対象や解決しよう

とする方向性などに応じて，各教科等の特質に応じた見方・考え方を意識的，かつ総合的に活用できるようにする。

② **総合的な学習の時間に固有な見方・考え方を働かせる**

特定の教科等の視点だけでは捉えきれない広範な事象を，多様な角度から俯瞰して捉えることである。また，課題の探究を通して自己の生き方を問い続けるという視点や考え方である。

2. 横断的・総合的な学習を行う

この時間に行われる学習は，特定の教科等に留まらず，教科等の枠を超えて探究する価値のある課題について，各教科等で身に付けた資質・能力を活用・発揮しながら解決に向けて取り組む活動にならなければならない。

研究課題として，学校目標を実現するのにふさわしいものを設定することになる。例を挙げると，国際理解，情報，環境，福祉・健康などの「現代的な諸課題に対応する課題」，「地域や学校の特色に応じた課題」，「児童生徒の興味・関心に基づく課題」などである。さらに中学校では「職業や自己の将来に関する課題」，高等学校では「職業や自己の進路に関する課題」などが考えられる。

なお，探究課題の解決においては，各教科等の資質・能力が繰り返し何度となく活用・発揮されることは容易に想像できる。

3. よりよく課題を解決し，自己の生き方を考えていく

「よりよく課題を解決する」とは，解決の道筋がすぐには明らかにならない課題や，唯一の正解が存在しない課題などについても，自らの知識や技能等を総合的に働かせて，目前の具体的な課題を粘り強く対処し解決しようとすることであり，新しい未知の課題に対応することが求められる時代において，欠かすことのできない資質・能力である。

「自己の生き方を考える」ことは，次の三つで考えることができる。

(1) 人や社会，自然との関わりにおいて，自らの生活や行動について考

えていくことであり，何をどのようにすべきかなどを考えることであり，生活科の学習の特質からつながる部分でもある。

(2) 自分にとって学ぶことの意味や価値を考えていくこと。取り組んだ学習活動を通して，自分の考えや意見を深めることであり，学習の有用感を味わうなどして，学ぶことの意義を自覚することである。

(3) これら二つを生かしながら，学んだことを現在および将来の自己の生き方につなげて考えること。学習の成果から達成感や自信をもち，自分のよさや可能性に気付き，自分の人生や将来について考える。

　自己の生き方を考えるとき，具体的な活動や事象との関わりをよりどころとし，身に付けた資質・能力を用いて，よりよく課題を解決する中で多様な視点から考えることが大切である。また，常に自己との関係で見つめ，振り返り，問い続けていこうとする態度を身に付けさせたい。なお，高等学校は，自己の在り方生き方と一体的で不可分な課題を自ら発見し，解決していくような学びを展開していくことが明示されている。

② 「総合的な学習・探究の時間」で育成することを目指す資質・能力

　目標の後段に示されたこの時間において育む資質・能力については，他教科と同様に，学習指導要領総則に「知識及び技能」，「思考力，判断力，表現力等」，「学びに向かう力，人間性等」の三つの柱によって明示された。それぞれの資質・能力については，小・中学校学習指導要領解説「総合的な学習の時間編」及び高等学校学習指導要領解説「総合的な探究の時間編」において説明されたので，その概要を次に示す。

総合的な学習の時間において育む資質・能力[5]

(1) 知識及び技能
　○ 「知識」は，教科書や資料集に整然と整理されているものを取り

込んで獲得するものではなく，探究の過程を通して，自分自身で取捨・選択し，整理し，既にもっている知識や体験と結び付けながら，構造化し，身に付けていくものである。

　こうした過程を経ることにより，獲得された知識は，実社会・実生活における様々な課題の解決に活用可能な生きて働く知識，すなわち概念が形成されるのである。

○　「技能」は，「知識」と同様に各教科等の学習を通して，事前にある程度は習得されていることを前提として行われつつ，探究を進める中でより高度な技能が求められるようになる。このような必要感の中で，注意深く体験を積んで，徐々に自らの力でできるようになり身体化されていく。技能と技能が関連付けられて構造化され，統合的に活用されるものである。

(2)　**思考力，判断力，表現力等**

○　「思考力，判断力，表現力等」は，実社会や実生活の中から問いを見いだし，自分で課題を立て，情報を集め，整理・分析して，まとめ・表現するという，探究的な学習の過程において発揮される力を示している。

　具体的には，身に付けた「知識及び技能」の中から，当面する課題の解決に必要なものを選択し，状況に応じて適用したり，複数の「知識及び技能」を組み合わせたりして，適切に活用できるようになっていくことと考えることができる。

(3)　**学びに向かう力，人間性等**

○　「学びに向かう力，人間性等」については，よりよい生活や社会の創造に向けて，自他を尊重すること，自ら取り組んだり異なる他者と力を合わせたりすること，社会に寄与し貢献することなどの適正かつ好ましい態度として「知識及び技能」や「思考力，判断力，表現力等」を活用・発揮しようとすることと考えることができる。

　以上の育成を目指す資質・能力の三つの柱は，個別に育成されるものではなく，探究的な学習において，よりよい課題の解決に取り組む中で，相互に関わり合いながら高められていくものとして捉えておく必要がある。

引用文献

1) 文部科学省『小学校学習指導要領（平成29年告示）解説　総合的な学習の時間編』東洋館出版社　平成30年　p.8

2) 文部科学省『中学校学習指導要領（平成29年告示）解説　総合的な学習の時間編』東山書房　平成30年　p.8

3) 文部科学省『高等学校学習指導要領（平成30年告示）解説　総合的な探究の時間編』学校図書　平成30年　p.11

4) 同上書　p.12

5) 前掲書　1) pp.13-17，2) pp.13-17，3) pp.16-20

参考文献

○中央教育審議会教育課程部会　生活・総合的な学習の時間ワーキンググループ『総合的な学習の時間について　資料6』2015（平成27）年

中学生「町の生活について」

第3章　各学校において定める目標及び内容

　総合的な学習・探究の時間（以下，「この時間」と省略）の目標や内容について，このたびの学習指導要領[1]におけるこの時間の構成は，まず「第1の目標」，次に「第2の各学校において定める目標及び内容」，その後に「第3 指導計画の作成と内容の取扱い」となっている。

　「第1目標」（各校種の学習指導要領において示されたこの時間の目標）の様式は，学校種を問わず二つの構造から成る。すなわち，目標の前半に総論として特質や学習活動プロセスの在り方を示し，後半に(1)項，(2)項，(3)項の形で，この時間で育成を図る資質・能力の三つの柱を示している。

　後半の資質・能力は，(1)の柱では，何を理解しているか，何ができるか，生きて働く「知識及び技能」の習得について示す。また，(2)の柱では，理解していること・できることをどう使うか，未知の状況にも対応できる「思考力，判断力，表現力等」の育成について示す。(3)の柱においては，どのように社会・世界と関わり，よりよく人生を送るかという学びを人生や社会に生かそうとする「学びに向かう力，人間性等」の涵養について示されている。この構成は，他の教科等（小・中学校「道徳科」を除く）においても学校種を問わずに整えられた。

第1節　各学校において定める目標

　各学校は，このたびの学習指導要領のこの時間の「第1の目標」を踏まえ，この時間の目標を定め，その実現を目指さなければならない。

　各学校が定める目標は，各学校がこの時間での取組を通して，どのような児童生徒を育てたいのか，また，どのような資質・能力を育てようとしているのか等を明確にしたものとされている。

各学校においてこの時間の目標を定めるに当たり，第1の目標を踏まえることは，前章（第2章）で述べた第1の目標の趣旨を適切に盛り込むことにある。

　具体的には，第1の目標の構成に従って，次の二点を反映させることが要件となっている。[2]

　尚，下記文章中，下線部位（　）内は，小・中・高等学校の校種を示す。

(1)　「探究的な見方・考え方を働かせ，横断的・総合的な学習を行うことを通して」，「よりよく課題を解決し，自己の生き方を考えていくための資質・能力を育成することを目指す」（小・中学校）「自己の在り方生き方を考えながら，よりよく課題を発見し解決していくための資質・能力を育成することを目指す」（高等学校）という，目標に示された二つの基本的な考えを踏まえること。

(2)　育成を目指す資質・能力については，「育成すべき資質・能力の三つの柱」である「知識及び技能」，「思考力，判断力，表現力等」，「学びに向かう力，人間性等」の三つのそれぞれについて，第1の目標の趣旨を踏まえること。

　このたびの学習指導要領における各校種のこの時間の解説は，上記の二点の要件を適切に反映していれば，これまで各学校が取り組んできた経験を生かし，各目標の要素のいずれかを具体化したり，重点化したり，別の要素を付け加えたりして，各学校で定める目標を設定することも考えられると述べている。

　各学校において目標を定めることが求められている理由は[3]，

(1)　各学校が創意工夫を生かした探究的な学習や横断的・総合的な学習の実践が期待されているためで，地域や学校，児童生徒の実態や特性を考慮した目標を各学校が主体的に判断して定めることが不可欠であること。

(2)　学校における教育目標を踏まえ，育成を目指す資質・能力を明示することが望まれること。これにより，この時間が各学校のカリキュラム・マネジメントの中核になることが今まで以上に明らかになること。

(3) 学校として教育課程全体の中での総合的な学習の時間の位置付けや他教科等の目標及び内容との違いに留意しつつ，この時間での取組にふさわしい内容を定めるためであることが期待されているということ。

　各学校においては，以上のことを踏まえて，主体的かつ創造的に指導計画を作成し，学習活動を展開することが求められている。

　高等学校におけるこの時間の目標は，小・中学校のそれとは，その構造が大きく異なる。具体的には，小・中学校のこの時間の目標が，「よりよく課題を解決し，自己の生き方を考えていくための資質・能力を育成することを目指す」としていることに対して，高等学校のそれは，「自己の在り方生き方を考えながら，よりよく課題を発見し解決していくための資質・能力を育成することを目指す」としている。

　これは，小・中学校では，教師の指導も受けながら課題を設定し，解決していくことにより，児童生徒が結果として「自己の生き方」を考える契機となっていく場合が多いのに対して，高等学校では，生徒自身が「自己の在り方生き方」と一体的で不可分な課題を自ら発見し，解決していくことが期待されていることによる。そして，高等学校のこの時間における探究が，自己のキャリア形成の方向性と関連付けられ，学ぶことと生きることの結び付きが推進されることとなる。

　各学校がこの時間の目標を設定するに当たっては，この点を十分踏まえ留意しなければならない。

第2節　各学校において定める内容

　前節同様に，各学校はこの時間の内容を定めることが求められている。

　この時間は，各教科等のようにどの学年で何を指導するのかという「内容」が学習指導要領に明示されていない。その意図は，各学校が「第1目標」（学習指導要領が示すこの時間の目標）の趣旨を踏まえて，地域や学校，児童生徒の実態に応じて，創意工夫を生かした内容を定めることが期待され

ているからである。

今回の改訂において，この時間については，内容の設定に際し，次の二つを定める必要があるとされた。

(1) 目標を実現するにふさわしい探究課題

目標の実現に向けて学校として設定した児童生徒が探究的な学習に取り組む探究課題である。具体的には，例えば「身近な自然環境とそこで起きている環境問題」，「地域の伝統や文化とその継承に力を注ぐ人々」などが考えられる。

(2) 探究課題の解決を通して育成を目指す具体的な資質・能力

前者の「(1)目標を実現するにふさわしい探究課題」は，目標の実現に向けて学校が設定した，児童生徒が探究的な学習に取り組む課題である。つまり，探究課題とは，探究的に関わりを深める「人・もの・こと」を示したものである。具体的には，例えば「身近な自然環境とそこで起きている環境問題」，「地域の伝統や文化とその継承に力を注ぐ人々」，「実社会で働く人々の姿と自己の将来」などが考えられる。

一方，後者の「(2)探究課題の解決を通して育成を目指す具体的な資質・能力」とは，各学校において定める目標に記された資質・能力を各課題に即して具体的に示したものであり，教師の適切な指導の下，児童生徒が各探究課題の解決に取り組む中で，育成することを目指す資質・能力のことであると学習指導要領解説は示す。

この時間の内容は，目標の実現にふさわしい探究課題と，探究課題の解決を通して育成を目指す具体的な資質・能力の二つによって構成される。両者の関係については，目標の実現に向けて，児童生徒が「何について学ぶか」，「どのようなことができるようになるか」を明らかにしたものが具体的な資質・能力という関係になる。

また，各学校においてはこの内容を指導計画に位置付けることが求められる。その際，学年間の連続性，発展性，幼児教育・小・中・高等学校等の相互の接続，他教科・科目等の目標及び内容との違いに留意しつつ，他教科・科目等で育成を目指す資質・能力との関係を明らかにして，内容を定

めることが重要である。

高等学校においては，中学校までと対比して，生徒が展開する探究のプロセスがより高度化し，探究が自律的に行われることが期待されており，育成を目指す具体的な資質・能力も，それにふさわしいものとする必要がある。

生徒が探究のプロセスを高度化させていくとは，①探究において目的と解決の方法に矛盾がない（整合性），②探究において適切に資質・能力を活用している（効果性），③焦点化し深く掘り下げて探究する（鋭角性），④幅広い可能性を視野に入れながら探究している（広角性）などの姿で捉えることができる。

さらに，探究が自律的なものとなると，①自分にとって関わりが深い課題になる（自己課題），②探究のプロセスを見通しつつ，自分の力で進められる（運用），③得られた知見を生かして社会に参画しようとする（社会参画）などの姿で捉えることができる。

第3節　各学校において定める目標及び内容の取扱い

各学校は，この時間の目標を踏まえ，学校の実情に応じた独自の目標を設定することとなる。各学校がこの時間の目標や内容を独自に設定するに当たっては，次の7項目に留意する必要がある。[4]

尚，下記文章中，下線部位（　）内は，小・中・高等学校の校種を示す。

(1)　各学校において定める目標については，各学校の教育目標を踏まえ，この時間を通して育成する資質・能力を示すこと。

(2)　各学校において定める目標や内容については，他教科等の目標や内容との違いに留意しつつ，他教科等で育成を目指す資質・能力との関連を重視すること。

(3)　各学校において定める目標や内容については，<u>日常生活や社会</u>（小・中学校）<u>地域や社会</u>（高等学校）との関わりを重視すること。

(4)　各学校において定める内容については，目標を実現するにふさわし

い探究課題の解決を通して育成を目指す具体的な資質・能力を示すこと。

(5) 目標を実現するにふさわしい探究課題については，<u>学校の実態に応じて</u>（小・中学校），<u>地域や学校の実態，生徒の特性等に応じて</u>（高等学校），例えば，国際理解，情報，環境，福祉・健康などの現代的な諸課題に対応する横断的・総合的な課題，<u>地域の人々の暮らし，伝統と文化など</u>（小学校），地域や学校の特色に応じた課題，<u>児童生徒の興味・関心に基づく課題，職業や自己の将来</u>（中学校）<u>職業や自己の進路</u>（高等学校）に関する課題などを踏まえて設定すること。

(6) 探究課題の解決を通して育成を目指す具体的な資質・能力については，次の事項に配慮すること。

ア 「知識及び技能」については，他教科等及びこの時間で習得する知識及び技能が相互に関連付けられ，社会の中で生きて働くものとして形成されるようにすること。

イ 「思考力，判断力，表現力等」については，課題の設定，情報の収集，整理・分析，まとめ・表現などの探究的（小・中学校）・探究（高等学校）の学習過程において発揮され，未知の状況において活用できるものとして身に付けられるようにすること。

ウ 「学びに向かう力，人間性等」については，自分自身に関すること及び，他者や社会との関わりに関することの両方の視点を踏まえること。

(7) 目標を実現するにふさわしい探究課題及び探究課題の解決を通して育成を目指す具体的な資質・能力については，<u>教科等</u>（小・中学校）<u>教科・科目等</u>（高等学校）を越えた全ての学習の基盤となる資質・能力が育まれ，活用されるものとなるよう配慮すること。

以上が学習指導要領解説に示された配慮事項である。

この時間が一層充実するために，小学校（保幼小連携を含む）と中学校，中学校と高等学校（高大連携を含む）の学校間接続を視野にした連携が必要である。そのために，例えば小学校第6学年と中学校第1学年のこの学

習が連続的で発展的な学習となるように，小・中学校の教師による連絡会で情報交換の実施が考えられる。

　ここで示された視点は，学習活動そのものを学校や教師側の見方から，学習主体である児童生徒の側として捉え直せば容易に理解できる。

　この時間の目標の実現に向けて，指導計画の立案や授業実践する教師側の仕事の環境については，図書館活用や地域・社会教育団体や関係機関との連携を図ることは当然に必要である。そのためには，教師に準備・整理，教材研究の時間が充分に保障される必要があることは言うまでもない。しかし，このたび経済協力開発機構（OECD）が公表した「国際教員指導環境調査（TALIS）」[5] の結果より，日本の教師は職能開発や授業における情報通信技術（ICT）の活用が低いと見られたことは，今後の改善課題として示唆に富む。

引用文献

1) 文部科学省『小学校学習指導要領（平成29年告示）解説　総合的な学習の時間編』東洋館出版社　平成30年　pp.19-34

　文部科学省『中学校学習指導要領（平成29年告示）解説　総合的な学習の時間編』東山書房　平成30年　pp.18-34

　文部科学省『高等学校学習指導要領（平成30年告示）解説　総合的な探究の時間編』学校図書　平成31年　pp.21-36

2) 同書　小学校　p.19，中学校　p.19，高等学校　pp.22-23

3) 同書　小学校　pp.19-21，中学校　pp.19-20，高等学校　pp.22-23

4) 同書　小学校　pp.23-34，中学校　pp.23-34，高等学校　pp.26-36

5)「日本，デジタル教育遅れ」『日本経済新聞』第47879号（6月20日朝刊），日本経済新聞社　2019年　p.38　または―「日本の教員　勤務時間最長　小中学校事務，部活が負担」『讀賣新聞』第23803号（6月20日朝刊），読売新聞社大阪本社　2019年　p.1

コラム-2 「総合的な学習・探究の時間」と「特別活動」

　総合的な学習の時間と特別活動の違いや共通性を踏まえて，双方の関連を図った指導を行うことが重要である。

　小・中学校の学習指導要領における双方の目標は，総合的な学習の時間では，「探究的な見方・考え方を働かせ，横断的・総合的な学習や探究的な学習を行うことを通して，よりよく課題を解決し，自己の生き方を考えていくための資質・能力を次のとおり育成することを目指す。」と示されている。

　一方，特別活動では，「集団や社会の形成者としての見方・考え方を働かせ，様々な集団活動に自主的，実践的に取り組み，互いのよさや可能性を発揮しながら集団や自己の生活上の課題を解決することを通して，次のとおり資質・能力を育成することを目指す。」と示されている。

　目標から，総合的な学習の時間は，個人が探究的な学習に取り組む行動力の育成に重点が置かれていることに対して，特別活動はより個人と集団との関わりに焦点を当てていることや，双方とも児童生徒が自主的あるいは主体的に物事に取り組む態度を養うことが読み取れる。

　双方の学習の形態や特質については，総合的な学習の時間は，探究的な学習を通して横断的・総合的な活動を協働的に取り組み，主体的な課題解決力の育成を目指している。一方，特別活動は，様々な集団活動を通して，「なすことによって学ぶ」方法原理に基づき，自主的・実践的な活動を展開し，集団づくりと個の成長を目指している。

　共通する主な点は，○児童生徒の興味・関心に基づいた内容等により，教科書の無い活動。○児童生徒の自主的・主体的，協働的な活動。○学級や学校の実態によって創意工夫が可能な活動。○地域人材の活用が可能な活動等が挙げられる。

　双方は基礎的・汎用的学力を培う主要な教育活動である。指導に当たっては，関係性を十分に留意し，指導のねらいから外れないよう充実した学習活動を推進しなければならない。　　　　　　（中園貴之）

第4章　指導計画の作成と内容の取扱い

【小・中・高等学校における指導計画の作成に当たっての配慮事項】

　総合的な学習・探究の時間の指導計画の作成に当たっては，児童生徒の主体的・対話的で深い学びの実現に向けた授業改善を進めることとし，この時間の特質に応じて，効果的な学習が展開できるように配慮しなければならない。

　以下，小・中・高等学校学習指導要領解説 総合的な学習の時間，探究の時間編より，各校種における配慮事項を示す。[1]

小・中・高等学校　　指導計画の作成に当たっての配慮事項

小・中学校	高等学校
(1)　年間や，単元など内容や時間のまとまりを見通して，その中で育む資質・能力の育成に向けて，児童生徒の主体的・対話的で深い学びの実現を図るようにすること。その際，児童生徒や学校，地域の実態等に応じて，児童生徒が探究的な見方・考え方を働かせ，教科等の枠を超えた横断的・総合的な学習	(1)　年間や，単元など内容や時間のまとまりを見通して，その中で育む資質・能力の育成に向けて，生徒の主体的・対話的で深い学びの実現を図るようにすること。その際，生徒や学校，地域の実態等に応じて，生徒が探究の見方・考え方を働かせ，教科等の枠を超えた横断的・総合的な学習や生徒の興

小・中学校	高等学校
や児童生徒の興味・関心等に基づく学習を行うなど創意工夫を生かした教育活動の充実を図ること。 (2) 全体計画及び年間指導計画の作成に当たっては，学校における全教育活動との関連の下に，目標及び内容，学習活動，指導方法や指導体制，学習の評価の計画などを示すこと。<u>その際，小学校における総合的な学習の時間の取組を踏まえること。</u> （下線部：中学校のみ） (3) 他教科等及び総合的な学習の時間で身に付けた資質・能力を相互に関連付け，学習や生活において生かし，それらが総合的に働くようにすること。その際，言語能力，情報活用能力など全ての学習の基盤となる資質・能力を重視すること。 (4) 他教科等の目標及び内容との違いに留意しつつ，第1の目標並びに第2の各学校において定める目標及び内容を踏まえた適切な学習活動を行うこと。 (5) 各学校における総合的な学習の時間の名称については，各校において適切に定めること。	味・関心等に基づく学習を行うなど創意工夫を生かした教育活動の充実を図ること。 (2) 全体計画及び年間指導計画の作成に当たっては，学校における全教育活動との関連の下に，目標及び内容，学習活動，指導方法や指導体制，学習の評価の計画などを示すこと。 (3) 目標を実現するにふさわしい探究課題を設定するに当たっては，生徒の多様な課題に対する意識を生かすことができるよう配慮すること。 (4) 他教科等及び総合的な探究の時間で身に付けた資質・能力を相互に関連付け，学習や生活において生かし，それらが総合的に働くようにすること。その際，言語能力，情報活用能力など全ての学習の基盤となる資質・能力を重視すること。 (5) 他教科等の目標及び内容との違いに留意しつつ，第1の目標並びに第2の各学校において定める目標及び内容を踏まえた適切な学習活動を行うこと。 (6) 各学校における総合的な探究の時間の名称については，各校において適切に定めること。

小・中学校	高等学校
(6)　障害のある児童生徒などについては，学習活動を行う場合に生じる困難さに応じた指導内容や指導方法の工夫を計画的，組織的に行うこと。 (7)　第1章総則の第1の2の(2)に示す道徳教育の目標に基づき，道徳科などとの関連を考慮しながら，第3章特別の教科道徳の第2に示す内容について，総合的な学習の時間の特質に応じて適切な指導をすること。	(7)　障害のある生徒などについては，学習活動を行う場合に生じる困難さに応じた指導内容や指導方法の工夫を計画的，組織的に行うこと。 (8)　総合学科においては，総合的な探究の時間の学習活動として，原則として生徒が興味・関心，進路等に応じて設定した課題について知識や技能の深化，総合化を図る学習活動を含むこと。

第2節　指導計画の内容の取扱いについての配慮事項

【小・中・高等学校における指導計画の内容の取扱いについての配慮事項】

　総合的な学習・探究の時間の目標実現のために，各校がふさわしい内容を明らかにすることは，解決困難な現代社会の課題などに向き合い，学び続ける児童生徒の育成につながる。そのため，内容の取扱いについては十分に配慮しなければならない。以下，小・中・高等学校学習指導要領の解説より，各校種における指導計画の内容の取扱いについての配慮事項を示す。[2]

小・中・高等学校の指導計画の内容の取扱いについての配慮事項

小・中学校	高等学校
(1) 第2の各学校において定める目標及び内容に基づき，児童生徒の学習状況に応じて教師が適切な指導を行うこと。 (2) 探究的な学習の過程においては，他者と協働して課題を解決しようとする学習活動や，言語により分析し，まとめたり表現したりするなどの学習活動が行われるようにすること。その際，例えば，比較する，分類する，関連付けるなどの考えるための技法が活用されるようにすること。 (3) 探究的な学習の過程においては，コンピュータや情報通信ネットワークなどを適切かつ効果的に活用して，情報を収集・整理・発信するなどの学習活動が行われるように工夫すること。その際，<u>コンピュータで文字を入力するなどの学習の基盤として必要となる情報手段の基本的な操作を習得し，</u>情報や情報手段を主体的に選択し活用できるよう配慮すること。 （下線部：小学校のみ）	(1) 第2の各学校において定める目標及び内容に基づき，生徒の学習状況に応じて教師が適切な指導を行うこと。 (2) 課題の設定においては，生徒が自分で課題を発見する過程を重視すること。 (3) 第2の3の(6)のウにおける両方の視点を踏まえた学習を行う際には，これらの視点を生徒が自覚し，内省的に捉えられるよう配慮すること。 (4) 探究の過程においては，他者と協働して課題を解決しようとする学習活動や，言語により分析し，まとめたり表現したりするなどの学習活動が行われるようにすること。その際，例えば，比較する，分類する，関連付けるなどの考えるための技法が自在に活用されるようにすること。 (5) 探究の過程においては，コンピュータや情報通信ネットワークなどを適切かつ効果的に活用して，情報を収集・整理・発信するなどの学習活動が行われるように工夫すること。その際，情報や情報手段を主

小・中学校	高等学校
(4)　自然体験や<u>職場体験活動</u>，ボランティア活動などの社会体験，ものづくり，生産活動などの体験活動，観察・実験，見学や調査，発表や討論などの学習活動を積極的に取り入れること。 　　　　　（下線部：中学校のみ） (5)　体験活動については，第1の目標並びに第2の各学校において定める目標及び内容を踏まえ，探究的な学習の過程に適切に位置付けること。 (6)　グループ学習や異年齢集団による学習などの多様な学習形態，地域の人々の協力も得つつ，全教師が一体となって指導に当たるなどの指導体制について工夫を行うこと。 (7)　学校図書館の活用，他の学校との連携，公民館，図書館，博物館等の社会教育施設や社会教育関係団体等の各種団体との連携，地域の教材や学習環境の積極的な活用などの工夫を行うこと。 (8)　国際理解に関する学習を行う際には，探究的な学習に取り組むことを通して，諸外国の生活や文化などを体験したり調査したりするなどの学習活動	体的に選択し活用できるよう配慮すること。 (6)　自然体験や就業体験活動，ボランティア活動などの社会体験，ものづくり，生産活動などの体験活動，観察・実験・実習，調査・研究，発表や討論などの学習活動を積極的に取り入れること。 (7)　体験活動については，第1の目標並びに第2の各学校において定める目標及び内容を踏まえ，探究の過程に適切に位置付けること。 (8)　グループ学習や個人研究などの多様な学習形態，地域の人々の協力も得つつ，全教師が一体となって指導に当たるなどの指導体制について工夫を行うこと。 (9)　学校図書館の活用，他の学校との連携，公民館，図書館，博物館等の社会教育施設や社会教育関係団体等の各種団体との連携，地域の教材や学習環境の積極的な活用などの工夫を行うこと。 (10)　職業や自己の進路に関する学習を行う際には，探究に取り組むことを通して，自己を理解し，将来の在り方生き方を考

小・中学校	高等学校
が行われるようにすること。 （小学校のみ） 　職業や自己の将来に関する学習を行う際には，探究的な学習に取り組むことを通して，自己を理解し，将来の生き方を考えるなどの学習活動が行われるようにすること。 （中学校のみ） (9)　情報に関する学習を行う際には，探究的な学習に取り組むことを通して，情報を収集・整理・発信したり，情報が日常生活や社会に与える影響を考えたりするなどの学習活動が行われるようにすること。第1章総則の第3の1の(3)のイに掲げるプログラミングを体験しながら論理的思考力を身に付けるための学習活動を行う場合には，プログラミングを体験することが，探究的な学習の過程に適切に位置付くようにすること。　　（小学校のみ）	えるなどの学習活動が行われるようにすること。

引用文献

1) 文部科学省『小学校学校学習指導要領（平成29年告示）解説　総合的な学習の時間編』東洋館出版社　平成30年　p.161
　　文部科学省『中学校学習指導要領（平成29年告示）解説　総合的な学習の時間

編』東山書房　平成30年　p.156

文部科学省『高等学校学習指導要領（平成30年告示）解説　総合的な探究の時間編』学校図書　平成31年　p.179

2）同上書　小学校同書pp.161-162, 中学校同書p.156, 高等学校同書pp.179-180

コラム-3　総合的な学習の時間における「プログラミング教育」

　AIの発達が社会の仕組みを大きく変え，これまでと違う「未来に生きる資質・能力」が求められている。それが，プログラミング的な思考力（論理的思考力等）であり，プログラミング体験や思考を積み重ねながら身に付けていく。

　ロボットやドローンを動かしたり，プログラミング言語を活用したりする活動が主目的ではなく，「論理的思考力を育み，プログラムのよさ，情報社会がコンピュータ等の情報技術に支えられていることに気付き，身近な問題の解決に主体的に取り組む態度やコンピュータを上手く活用してよりよい社会を築こうとする態度等を育む」ことをねらいとしている。それゆえ，総合的な学習の時間における「課題の設定」「情報の収集」「整理・分析」「まとめ・表現」という探究的な学習の過程を通して学ぶことは，非常に大切である。

　プログラミング教育は各教科の指導の中で行うが，このような理由から総合的な学習の時間の課題として取り上げていくことは有意義である。

（濱川　昌人）

高校生「全員参画，深い学びの様子」

第5章　指導計画の作成

第1節　各学校における指導計画

　各学校で定めた目標や内容を適切に実施していくためには，全体計画や年間指導計画の作成を行うことにより，確実に総合的な学習・探究の時間の指導を行うことが重要である。

1 指導計画の要素

　学習指導要領解説に「全体計画及び年間指導計画の作成に当たっては，学校における全教育活動との関連の下に，目標及び内容，学習活動，指導方法や指導体制，学習の評価の計画などを示すこと」[1] と示されている。その際には，以下の点について，具体的に明示していく必要がある。

1. 育成を目指す資質・能力を踏まえて，この時間で目指す「目標」を設定する。
2. 「目標を実現するにふさわしい探究課題」と「探究課題の解決を通して育成を目指す資質・能力」からなる「内容」を具体的に記す。
3. 「内容」との関わりで実際に行う「学習活動」。これは，実際の指導計画においては，児童生徒にとって意味ある課題の解決や探究的な学習活動のまとまりとしての「単元」，さらには，それらを配列し，組織した「年間指導計画」として示す。
4. 「学習活動」を適切に実施する上で必要とされる「指導方法」（アクティブ・ラーニングやカリキュラム・マネジメントとの関連）を決定する。
5. 学習状況及び「教師の学習指導の評価」として児童生徒の学習指導の評価，教師の学習指導の評価，上記(1)～(4)の指導計画の評価を明らかに

する。

6. 上記(1)〜(5)の計画，実施を適切に推進するための「指導体制」（教職員の指導体制と地域の人材の活用等）を整える。

　以上の取組の流れについては，(1)(2)は児童生徒や地域等の実態，児童生徒の成長に寄せる保護者・地域・教職員の願いに応じた目標設定，(3)(4)はカリキュラムのP（計画），(5)はカリキュラムのC.A（評価・改善），(6)はカリキュラム・マネジメントに相当する。

② 全体計画と年間指導計画

　学校としては，総合的な学習・探究の時間の指導計画を作成するに当たっては，全体計画と年間指導計画の二つを作成する必要がある。

　全体計画とは，指導計画のうち，学校として，この時間の教育活動の基本的な在り方を示すものであり，前述の(1)〜(6)までの基本的な内容や方針等を概括的・構造的に示したものである。

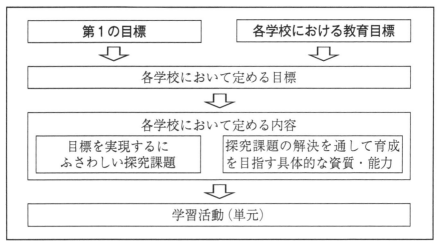

図5-1　目標と内容と学習活動との関係[2]

また，年間指導計画は，全体計画を踏まえ，どのような学習活動を，どのような時期に，どのように実施するかなどを示したものである。したがって，1年間の時間的な流れの中に単元を位置付けて示すとともに，学校における全教育活動との関連に留意する観点から，必要に応じて教科等における学習活動も書き入れることが考えられる。

　なお，前述の(1)「目標」，(2)「内容」，(3)「学習活動（単元）」は，まず第1の目標ならびに，各学校の教育目標を踏まえ，各学校の総合的な学習・探究の時間の目標を設定する。次に，それらを踏まえ，内容として，「目標を実現するにふさわしい探究課題」や「探究課題の解決を通して育成を目指す具体的な資質・能力」を設定する。なお，高等学校では中学校の取組を，中学校では小学校の取組を踏まえて，作成されることが付け加えられている。

　小・中・高等学校の全体計画及び年間指導計画は，61〜72頁に詳細を記述しているので参考にされたい。

第2節　各学校において定める目標の設定

　「総合的な学習・探究の時間の目標」は第1の目標を踏まえ，各学校が総合的な学習・探究の時間での取組を通して，どのような児童生徒を育てたいのか，どのような資質・能力を育てようとしているのかなどを明確にしたものである。その際，小・中・高等学校学習指導要領解説　総合的な学習・探究の時間編には，「第1の目標の構成に従って，次の2点を踏まえることが必要である」と示されている。

1.　「探究的な見方・考え方を働かせ，横断的・総合的な学習を行うことを通すこと」，「よりよく課題を解決し自己の生き方を考えていくための資質・能力を育成すること」という目標に示された二つの基本的な考え方を踏襲すること。[3]

2.　育成を目指す資質・能力については，「育成すべき資質・能力の三つの柱」である「知識及び技能」，「思考力，判断力，表現力等」，「学びに向かう力，人間性等」の三つのそれぞれについて，第1の目標の趣旨を踏

まえること。[4)]

　以上のことから，各学校においては，地域や学校，自校の実態や特性を考慮した目標を設定し，創意工夫を生かしていくことが望まれる。

第3節　各学校が定める内容の設定

1　各学校が定める内容とは

　この時間の内容は，「目標を実現するにふさわしい探究課題」及び「探究課題の解決を通して育成を目指す具体的な資質・能力」を各学校で定める。このことは，「何を学ぶか」とそれを通して「どのようなことができるようになるか」ということを各学校が具体的に設定することであり，他教科にない大きな特徴の一つである。[5)]

2　目標を実現するにふさわしい探究課題

　目標を実現するにふさわしい探究課題については，学校の実態に応じて，例えば，国際理解，情報，環境，福祉・健康などの現代的諸課題に対応する横断的・総合的な課題，地域の人々との暮らし，伝統と文化など地域や学校の特色に応じた課題，児童生徒の興味・関心に基づく課題，職業や自己の将来・進路に関する課題など，教育的に価値のある諸課題が示されている。これらは，一つの例であり，各学校が総合的な学習・探究の時間の目標や児童生徒，学校，地域の実態に応じて，探究課題を設定することが求められている。その際，以下の三つの要件を適切に実施するものとして考えられるものを示している。

1.　探究的な見方・考え方を働かせて学習することがふさわしい課題であること（一つの決まった正しい答えがあるわけでなく，様々な教科等で学んだ見方・考え方を総合的に活用しながら，様々な角度から捉え，考えることができるもの。）

2. その課題をめぐって展開される学習が，横断的・総合的な学習としての性格をもつこと
3. その課題を学ぶことにより，よりよく課題を解決し，自己の生き方を考えていくことに結び付けていくような資質・能力の育成が見込めること

　以下，小学校・中学校・高等学校において，それぞれの課題を意識した各学校の目標の実現にふさわしい探究課題例を示す。

表5-1　総合的な学習の時間の探究課題例（小学校）[6]

三つの課題	探　究　課　題　の　例
横断的・総合的な課題 （現代的な諸課題）	・地域に暮らす外国人とその人たちが大切にしている文化や価値観　　　　　　　　　　　　　　　　（国際理解）
	・情報化の進展とそれに伴う日常生活や社会の変化（情報）
	・身近な自然環境とそこに起きている環境問題　　（環境）
	・身の回りの高齢者とその暮らしを支援する仕組みや人々　　　　　　　　　　　　　　　　　　　　（福祉）
	・毎日の健康な生活とストレスのある社会　　　　（健康）
	・自分たちの消費生活と資源エネルギーの問題　　　　　　　　　　　　　　　　　　　（資源エネルギー）
	・安心・安全な町づくりへの地域の取組と支援する人々　　　　　　　　　　　　　　　　　　　　（安全）
	・食をめぐる問題とそれに関わる地域の農業や生産者（食）
	・科学技術の進歩と自分たちの暮らしの変化　　　　　　　　　　　　　　　　　　　　　（科学技術）
地域や学校の特色に応じた課題	・町づくりや地域活性化のために取り組む人々や組織　　　　　　　　　　　　　　　　　　　　（町づくり）
	・地域の伝統や文化とその継承に力を注ぐ人々（伝統文化）

	・商店街の再生に向けて努力する人々と地域社会（地域経済）
	・防災のための安全な町づくりとその取組　　　　　（防災）
児童の興味 関心に基づ く課題	・実社会で働く人々の姿と自己の将来　　　　　（キャリア）
	・ものづくりの面白さや工夫と生活の発展　　（ものづくり）
	・生命現象の神秘や不思議さと，そのすばらしさ　　（生命）

表5-2　総合的な学習の時間の探究課題例（中学校）[7]

四つの課題	探 究 課 題 の 例
横断的・総 合的な課題 （現代的な 諸課題）	・地域に暮らす外国人とその人たちが大切にしている文化 や価値観　　　　　　　　　　　　　　　　（国際理解）
	・情報化の進展とそれに伴う日常生活や消費行動の変化 　　　　　　　　　　　　　　　　　　　　　（情報）
	・地域の自然環境とそこに起きている環境問題　　（環境）
	・身の回りの高齢者とその暮らしを支援する仕組みや人々 　　　　　　　　　　　　　　　　　　　　　（福祉）
	・毎日の健康な生活とストレスのある社会　　　　（健康）
	・他に，資源エネルギー，安全，食，科学技術など
地域や学校 の特色に応 じた課題	・町づくりや地域活性化のために取り組んでいる人々や組 織　　　　　　　　　　　　　　　　　　（町づくり）
	・地域の伝統や文化とその継承に力を注ぐ人々（伝統文化）
	・商店街の再生に向けて努力する人々と地域社会 　　　　　　　　　　　　　　　　　　　　（地域経済）
	・防災のための安全な町づくりとその取組　　　　（防災）

生徒の興味関心に基づく課題	・ものづくりの面白さや工夫と生活の発展　　（ものづくり）
	・生命現象の神秘や不思議さと, そのすばらしさ　　（生命）
職業や自己の将来に関する課題	・職業の選択と社会への貢献　　　　　　　　　　（職業）
	・働くことの意味や働く人の夢や願い　　　　　　（勤労）

表5-3　総合的な探究の時間の探究課題例（高等学校）[8]

四つの課題	探 究 課 題 の 例
横断的・総合的な課題（現代的な諸課題）	・外国人の生活者とその人たちの多様な価値観（国際理解）
	・情報化の進展とそれに伴う経済生活や消費行動の変化　　　　　　　　　　　　　　　　　　　　　　（情報）
	・自然環境とそこに起きているグローバルな環境問題　　　　　　　　　　　　　　　　　　　　　　　　（環境）
	・高齢者の暮らしを支援する福祉の仕組みや取組　（福祉）
	・心身の健康とストレス社会の問題　　　　　　　（健康）
	・他に資源エネルギー, 食, 科学技術など
地域や学校の特色に応じた課題	・地域活性化に向けた特色ある取組　　　　　（町づくり）
	・地域の伝統や文化とその継承に取り組む人々や組織　　　　　　　　　　　　　　　　　　　　　　（伝統文化）
	・商店街の再生に向けて努力する人々と地域社会　　　　　　　　　　　　　　　　　　　　　　　　（地域経済）
	・安全な町づくりに向けた防災計画の策定　　　　（防災）

生徒の興味 関心に基づ く課題	・文化や流行の創造や表現	（文化の創造）
	・変化する社会と教育や保育の質的転換	（教育・保育）
	・生命の尊厳と医療や介護の現実	（生命・医療）
職業や自己 の進路に関 する課題	・職業の選択と社会貢献及び自己実現	（職業）
	・働くことの意味や価値と社会的責任	（勤労）

③ 探究課題の解決を通して育成を目指す具体的な資質・能力

　新学習指導要領では，総合的な学習・探究の時間の内容設定に際して「目標を実現するにふさわしい探究課題」と「探究課題の解決を通して育成を目指す資質・能力」の二つを設定することになった。すなわち，目標の実現に向けて，児童生徒が「何を学ぶか」（どのような対象と関わり探究的な学習を行うのか）を記したものが探究課題であり，各探究課題との関わりを通して，「何ができるようになるか」（探究的な学習を通して，どのような児童生徒の姿を実現するか）を記したものが具体的な資質・能力である。

　また，新学習指導要領では，各教科等において育成を目指す資質・能力の三つの柱，「知識及び技能」「思考力，判断力，表現力等」「学びに向かう力，人間性等」で整理された。

　今回の改訂では，これらの資質・能力の三つの柱に沿って，この時間における探究課題の解決を通して育成を目指す具体的な資質・能力についても各学校で明らかにしていくことが必要である。

1．知識及び技能

　探究的な学習の過程において，それぞれの課題についての事実的知識や技能が獲得される。事実的知識は探究の過程が繰り返され，連続していく中で，何度も活用され発揮されることにより，概念的な知識へと高まっていく。技能についても，探究的な学習の過程が繰り返され，連続

していく中で，何度も活用され発揮されていくことで，自在に活用できる技能として身に付いていくので，各学校においては，探究的な学習に必要な技能の例を示しておくことも必要である。

　知識及び技能としては，具体的な事実に関する知識や個別的な手順の実行に関する技能に加えて，複数の事実に関する知識や手順に関する技能が相互に関連付けられ，比較・統合されることによって生成される一段抽象化された水準での知識及び技能が実社会や実生活の問題場面において，実際に用いられ問題解決をもたらすのは，こうした構造化された知識や技能であると考えられる。なお，この「知識及び技能」は，各学校が設定する内容に応じて異なるので，学習指導要領においては，習得すべき知識や技能については示されていない。

2. 思考力，判断力，表現力等

　「思考力，判断力，表現力等」の育成については，課題解決に向けて行われる横断的・総合的な学習や探究的な学習において，①課題の設定→②情報の収集→③整理・分析→④まとめ・表現の探究的な学習の過程が繰り返され，連続することによって育成される。すなわち，課題解決に向けて必要となる「思考力，判断力，表現力等」は，実際に課題の解決に向けた探究の過程の各段階において必要となる「思考力，判断力，表現力等」を実際に活用する学習の中でこそ成長していくと考えられている。

　この資質・能力については，これまで各学校で設定する「育てようとする資質や能力及び態度」の視点として「学習方法に関すること」としていたことに対応している。

　総合的な学習・探究の時間において育成することを目指す「思考力，判断力，表現力等」を探究の過程の各段階で整理すると，次図のように示される。

①課題の設定	②情報の収集	③整理・分析	④まとめ・表現
○より複雑な問題状況 ○確かな見通し，仮説	○より効率的・効果的な手段 ○多様な方法からの選択	○より深い分析 ○確かな根拠付け	○より論理的で効果的な表現 ○内省の深まり
例) ■問題状況の中から課題を発見し設定する。 ■解決の方法や手順を考え，見通しをもって計画を立てる。　　　　　など	例) ■情報収集の手段を選択する ■必要な情報を収集し，蓄積する。　　　　　　　　　　　　　など	例) ■問題状況における事実や関係を把握し，理解する。 ■多様な情報にある特徴を見付ける。 ■事象を比較したり関連付けたりして課題解決に向けて考える。　　　　　など	例) ■相手や目的に応じてわかりやすくまとめ表現する。 ■学習の進め方や仕方を振り返り，学習や生活に生かそうとする。　　　　　など
例) ■複雑な問題状況の中から適切に課題を設定する。 ■仮説を立て，検証方法を考え，計画を立案する。　　　　　など	例) ■目的に応じて手段を選択し，情報を収集する。 ■必要な情報を収集し，類別して蓄積する。　　　　　　など	例) ■複雑な問題状況における事実や関係を把握し，自分の考えをもつ。 ■視点を定めて多様な情報を分析する。 ■課題解決を目指して事象を比較したり，因果関係を推測したりして考える。　　　　　など	例) ■相手や目的，意図に応じて論理的に表現する。 ■学習の仕方や進め方を振り返り，学習や生活に生かそうとする。　　　　　など

上段：小・中学校，網掛した下段：高等学校

図5-2　探究の過程における思考力，判断力，表現力等の深まり（例）[9)]

3．学びに向かう力，人間性等

　新学習指導要領では第5章第2の3の(6)のウにおいて，「学びに向かう力，人間性等については，自分自身に関すること及び他者や社会との関わりに関することの両方の視点を踏まえること」と示されている。自分自身に関することとしては，主体性や自己理解，社会参画などに関わる心情や態度，他者や社会との関わりに関することとしては，協働性，他者理解，社会貢献などに関わる心情や態度などが考えられている。これらの二つは，明確に峻別することができるものではなく，相互に関連し合っているものであることから，両者のつながりを検討しながら各学校において育成を目指す「学びに向かう力，人間性等」を設定することが示されている[10)]。すなわち，総合的な学習・探究の時間において育成を目指す「学びに向かう力，人間性等」は，様々な学習活動を通して時間

をかけながらじっくりと育んでいくものである。

	例）自己理解・他者理解	例）主体性・協調性	例）将来展望・社会参画
自分自身に関すること	探究的な活動を通して、自分の生活を見直し、自分の特徴やよさを理解しようとする	自分の意思で、目標をもって課題の解決に向けた探究に取り組もうとする	探究的な活動を通して、自己の生き方を考え、夢や希望などをもとうとする
	探究を通して、自己を見つめ、自分の個性や特徴に向き合おうとする	自分の意思で真摯に課題に向き合い、解決に向けた探究に取り組もうとする	探究を通して、自己の在り方生き方を考えながら、将来社会の理想を実現しようとする
他者や社会との関わりに関すること	探究的な活動を通して、異なる意見や他者の考えを受け入れて尊重しようとする	自他のよさを生かしながら協力して問題の解決に向けた探究に取り組もうとする	探究的な活動を通して、進んで実社会・実生活の問題の解決に取り組もうとする
	探究を通して、異なる多様な意見を受け入れ尊重しようとする	自他のよさを認め特徴を生かしながら、協働して解決に向けた探究に取り組もうとする	探究を通して、社会の形成者としての自覚をもって、社会に参画・貢献しようとする

上段：小・中学校、網掛けした下段：高等学校

図5-3　学びに向かう力，人間性等[11]

　しかしながら，これらの育成を目指す心情や態度を，学年や学校段階に応じて明確に設定していくためにも，上記のような特性を踏まえ，学年が上がったり難易度の高い探究的な学習を実施したりする中で，以下のような視点や方向性を踏まえて，着実に育成を図っていくことが望まれる。

○　より複雑な状況や多様で異なる他者との間においても発揮されるようになること。

　他者理解・・・異なる立場，異なる考え方をもつ相手を認め，理解しようとする。

　自己理解・・・様々な状況に挑戦する中で，自分を客観的に見つめ，自分らしさを発揮できるようになる。

○　より自律的で，しかも安定的かつ継続的に発揮できるようになる。

○　「自分自身に関すること」，「他者や社会との関わりに関すること」については，両者が一体となって資質・能力として発揮され，育成されるようになること。

④ 考えるための技法の活用

　今回の改訂では，探究的な学習の過程においては，他者と協働して問題を解決しようとする学習活動や，言語により分析し，まとめたり表現したりする学習活動などが求められている。その際，比較する，分類する，関連付けるなどの「考えるための技法」が活用されることが望まれる。

1．考えるための技法を活用する意義

　総合的な学習の時間において，「考えるための技法」を活用することの意義については，以下のような三つの点が示されている。

(1)　「情報の整理・分析」の過程における思考力，判断力，表現力等を育てるという意義である。情報の整理・分析においては，集まった情報をどのように処理するかという分析や工夫を助けるためのものである。

(2)　協働的な学習を充実させるという意義である。「考えるための技法」を使って情報を整理・分析したものを黒板や紙などに書くことによって可視化され，児童生徒間で共有して考えることができるようになる。

(3)　総合的な学習の時間が，各教科等を超えた全ての学習の基盤となる資質・能力を育成するとともに，各教科等で学んだ資質・能力を実際の問題解決に活用したりするという特質を生かす意義がある。「考えるための技法」を意識的に使えるようにすることによって，各教科等と総合的な学習の時間の学びを相互に往還する意義が明確になる。

2．考えるための技法の例と活用の仕方

　「考えるための技法」を活用することにより，より多様な関連や様々な性質に着目できるようになったり，対象がもつ本質的な共通点や固有の性質に気付いたりできるようになるなど，効果的に思考できるようになっていくと考えられる。「考えるための技法」を次に具体的に示す。

考えるための技法（例）[12]

○　**順序付ける**
・　複数の対象について，ある視点や条件に沿って対象を並び替える。
○　**比較する**
・　複数の対象について，ある視点から共通点や相違点を明らかにする。
○　**分類する**
・　複数の対象について，ある視点から共通点のあるものをまとめる。
○　**関連付ける**
・　複数の対象がどのような関係にあるかを見付ける。
・　ある対象に関係するものを見付けて増やしていく。
○　**多面的・多角的に見る**
・　対象のもつ複数の性質に着目したり，対象を複数の角度から捉えたりする。
※　他に「見通す」「具体化する」「抽象化する」「構造化する」の技法もある。学習指導要領解説『総合的な学習の時間』を参照。

　以上のような「考えるための技法」により児童生徒の思考が深まる中で，より多様な関連や様々な性質に着目できるようになったり，対象がもつ本質的な共通点や固有の性質に気付いたりできるようになるなど，「考えるための技法」を用いて効果的に思考することができるようになっていくと考えられる。また，「考えるための技法」を可視化したりするような活動を取り入れることで，次のような学習効果を高めていくことができる。

(1)　教科等を超えて，児童生徒の思考を助けることができる。そのため，各教科等における思考力，判断力，表現力等を育成する上でも有効であると考えられる。

(2)　協働的な学習，対話的な学習がしやすくなる状況をつくることができる。

(3)　学習の振り返りや指導の改善に活用することができる。

内容の設定においては，学習活動が，教師による一方的な押し付け，要素的な「知識及び技能」の習得のみに終始することのないようにする必要がある。そこで，内容の設定と運用に際しては，次の点について留意する必要がある。

　まず，一つ目は，主体的な課題の解決や探究的な学習の過程において，育成を目指す具体的な資質・能力を身に付けていくよう，単元の展開や指導の在り方を工夫することが重要である。

　二つ目は，内容については，それらを確実に取り扱うことが望ましいが，総合的な学習・探究の時間では，実社会や実生活に関わることを取り上げることや，児童生徒の興味・関心を重視することなどから，必要に応じて，目標の実現に向けて指導計画を柔軟に運用することも考えられる。

引用文献

1) 文部科学省『小学校学習指導要領（平成29年告示）解説　総合的な学習の時間編』東洋館出版社　平成30年　p.66
　　文部科学省『中学校学習指導要領（平成29年告示）解説　総合的な学習の時間編』東山書房　平成30年　p.62
2) 同上書　小学校　p.68, 中学校　p.64
3) 同上書　小学校　p.70, 中学校　p.66
4) 同上書　小学校　p.70, 中学校　p.66
5) 同上書　小学校　p73, 中学校　p.69
6) 同上書　小学校　p.77
7) 同上書　中学校　p.73
8) 文部科学省『高等学校学習指導要領（平成30年告示）解説　総合的な探究の時間編』学校図書　平成31年　p.90
9) 前掲書　小学校　p.80, 中学校　p.76
10) 同上書　小学校　p.80, 中学校　p.76

11）同上書　小学校　p.81, 中学校　p.78

12）同上書　小学校　pp.84 〜 85, 中学校　p.81

参考文献

○黒上晴夫『小学校新学習指導要領ポイント総整理　総合的な学習の時間』　東
　洋館出版社　2017年　pp.104-109

○村川雅弘『総合的な学習の時間の指導法』　日本文教出版　2018年

小学生「学習意欲を引き出す授業の様子」

コラム-4　総合的な学習・探究の時間における「横断的・総合的な学習」

　総合的な学習・探究の時間では，教科等の枠を超えた横断的・総合的な学習となるよう充実を図ることが目標達成のために必要である。

　横断的・総合的な学習では，児童生徒の資質・能力を総合的に育てる場合，教科の枠にこだわることなく，教科等を横断したり，教科を越えた学習内容を設定したりすることが大切である。

　そのため，**横断的学習は**，各教科，道徳科，特別活動を縦糸とし，それらに横糸を通して横断し，関連付けていく。その方法として，〇一つのテーマを設定することによって，教科・領域等の関連をもたせる。〇学習のねらいは別々であるが，一連の活動によって教科・領域等で関連付ける。〇学習のねらいを教科・領域等で関連付け，見方・考え方を広げる。〇ある教科の問題解決に，別の教科・領域等の知識・技能や学習の方法を関連付ける。

　一方，**総合的な学習は**，各教科・領域等の枠にこだわらずに，枠を越えて学習内容を設定することにより，〇児童生徒一人一人の思いを学習主体とし，その思いを探究し，表現していく。〇実際の生活や環境を学習の対象とし，問題解決的な学習を進める。〇各教科等の発展・応用の場面，実践の場面としてとらえて学習していく。〇調査研究，実験的研究，歴史的研究等の様々なアプローチにより学習を進めていく。

　横断的・総合的な学習の効果としては，〇多面的，構造的，統一的な見方・考え方が身に付く。〇学ぶ意欲や問題意識の持続ができる。〇児童生徒の思考の流れにそった学習活動が展開できること等が挙げられる。

　総合的な学習の時間は，教育課程の編成にあたって中心的な位置を占めるようになってきた。今後，ますます総合的な学習・探究の時間の授業は重視されることを踏まえ，横断的・総合的な学習を理解し，この時間の目標を達成できる指導の創意工夫，充実が求められている。

（中園大三郎）

（参考資料）静岡県総合教育センター『横断的・総合的な学習に関する用語の定義・意味』資料2

第6章 「総合的な学習・探究の時間」の指導計画

第1節 全体計画の作成

　2003（平成15）年12月の「小学校，中学校，高等学校等の学習指導要領の一部改正について」の告示では，各学校が総合的な学習の時間の全体計画を作成しなければならないことが示されている。

　全体計画について，改訂学習指導要領解説の内容に基づき，その要旨を以下に紹介する。

　全体計画とは，指導計画のうち，その年度において学校が総合的な学習の時間を見通して，それぞれの時期における学校の教育活動の基本的な在り方を示したものである。全体計画には下記の事項を適切に示すことが考えられる。

全体計画に必要な事項[1]

---

① 必須の要件として記すもの
　・ 各学校における教育目標　・ 各学校において定める目標
　・ 各学校において定める内容（目標を実現するにふさわしい探究課題，探究課題の解決を通して育成を目指す具体的な資質・能力）
② 基本的な内容や方針等を概括的に示すもの
　・ 学習活動　・ 指導方法
　・ 指導体制（環境整備，外部との連携を含む）　・ 学習の評価
③ その他，各学校が全体計画を示す上で必要と考えるもの
　・ 年度の重点，地域・学校・児童生徒の実態，保護者・地域・教職員の願い
　・ 各教科等との関連，近隣の幼・小・中・高等学校等との連携，地域との連携　など

---

① 小学校「総合的な学習の時間」全体計画 (例)

	学校教育目標	
○日本国憲法 ○教育基本法 ○学習指導要領	互いを認め合い, 未来に向かって, ともに伸びようとする児童の育成	○児童の実態 ○地域の実態 ○保護者, 地域の願い

総合的な学習の時間の目標

○社会の課題解決へ向けて, 各教科で習得した知識及び技能を生かし, 課題に関わる知識や経験を関連付けて概念的な知識を身に付ける。
○社会や生活の中から疑問を見いだし, 課題を設定し, 情報を収集・整理・分析して, まとめや表現することを通して対象の本質に迫る。
○自分とは異なる意見や, 他者の考えを受け入れながら, 協働的に取り組めるようにする。

身に付けさせたい資質・能力

知識及び技能	思考力, 判断力, 表現力等	学びに向かう力, 人間性等
○具体的な事象を比較したり, 関係付けたりして課題を見付ける。 ○計画を基にねらいに基づいて情報を収集し, 課題の答えを見付ける。 ○課題に対する答えを明らかにして, 学習の成果をまとめる。	○学習対象に興味や関心をもつ。 ○自分で考えた方法で探究活動をする。 ○めあてをもって探究活動をする。 ○学習の成果を生活の中で効果的に活用する。	○課題に対する自分の見方や考え方をもつ。 ○今の自分の望ましい行為のあり方を明らかにする。

総合的な学習の時間の内容

○目標を実現するにふさわしい探究課題　○国際理解, 情報, 環境, 福祉・健康などの現代的な諸課題に対応する横断的・総合的な課題　○地域や学校の特色に応じた課題
○児童の興味・関心に基づく課題　○職業や自己の将来に関する課題

国　語	○目的や意図に応じて分かりやすく表現する力 ○自分の考えを筋道立てて書く力	図画工作	○表現したいものを制作する力 ○つくりだす喜び

社　会	○各種資料を効果的に活用する力 ○学習課題解決に向けて探究する力	家　庭	○調理，製作等の実践的な知識や技能 ○家庭生活で環境に配慮して工夫する力
算　数	○見通しをもち課題を解決する力 ○資料を分類，整理しグラフや表を用いて表す力	体　育	○健康に関する知識や技能 ○たくましい心身
理　科	○見通しをもって観察・実験等を行う力 ○環境について考えるための知識	特別の教科 道徳	○道徳的判断力 ○道徳的実践意欲と態度
生　活	○身近な人々，社会，自然とかかわる力 ○自分自身や自分の生活について新たに気付く力	外国語活動 ・外国語	○言語や文化についての理解力 ○積極的にコミュニケーションを図ろうとする態度
音　楽	○音楽によって養われる感性や情操 ○感じたことを声や楽器で表現する力	特別活動	○集団生活で，互いに高め合う力 ○自主的，実践的に活動を進める力

【学習活動】	【指導方法】	【指導体制】	【学習評価】
児童や地域の実態を踏まえ，探究課題を設定する。地域の人，もの，ことを生かした学習課題を探究する。学習成果を表現する場を設定する。	児童の課題意識を発展させる支援の充実。個に応じた指導の工夫。協働的な学習活動の充実。教科との関連的指導の工夫。情報活用能力，問題発見・解決能力の育成。	全校指導体制を組織する。校内支援体制の確立。授業時数の確保と弾力的な運用。多様な学習活動に対応できる学習環境の整備。家庭・地域等との連携体制の構築。	指導と評価の一体化。観点別学習状況を把握する評価規準の設定。個人内評価を重視する。学期末，学年末における指導計画の検討。

② 中学校「総合的な学習の時間」全体計画（例）

○日本国憲法 ○教育基本法 ○学習指導要領	**学校教育目標** 豊かな心と確かな学力を身に付けた心身ともに健康な生徒の育成	○生徒の実態 ○地域の実態 ○保護者，地域の願い

総合的な学習の時間の目標
○課題の解決に必要な知識及び技能を身に付け，課題に関わる概念を形成し，探究的な学習のよさを理解する。
○実社会や実生活の中から課題を見いだし，自ら課題を立て，情報を収集・整理・分析して，まとめ・表現することができるようにする。
○学習に主体的・協働的に取り組むとともに，互いのよさを生かしながら，積極的に参画しようとする。

身に付けさせたい資質・能力

知識及び技能	思考力，判断力，表現力等	学びに向かう力，人間性等
○具体的な事象を比較したり，関係づけたりしながら課題を発見する。 ○計画を基にねらいに基づいて情報を収集し，課題の答えを発見する。 ○課題に対する答えを明らかにして，学習の成果をまとめる。	○対象に興味や関心をもつ。 ○自ら考えた方法で探究活動を行う。 ○めあてに沿った探究活動を行う。 ○学習の成果を実際の生活の中で効果的に活用する。	○課題に対する自分の見方や考え方をもつ。 ○現在の自分の望ましい行為や態度の在り方を明確にする。

総合的な学習の時間の内容
○現代的な諸課題に対応する横断的・総合的な課題　○地域や学校の特色に応じた課題
○生徒の興味・関心に基づく課題　○職業や自己の将来に関する課題

国　　語	○分かりやすく表現する力 ○考えを筋道を立てて表現する力	保健体育	○健康や安全に関する知識 ○健康な体と体力を身に付ける態度

社　　会	○資料を調査し，活用する力 ○課題を探究する力	技術・家庭	○生活を工夫し，よりよくしようとする態度 ○コンピュータ等を使って情報を集める力
数　　学	○論理的に思考する力 ○資料等を適切に読み解く力	外　国　語	○言語や文化についての知識と理解 ○コミュニケーションを図る態度
理　　科	○観察や実験を行う力 ○環境等について考えるための知識	特別の教科 道徳	○道徳的思考力，判断力 ○道徳的実践力 ○郷土を愛する心
音　　楽	○感性や情操 ○表現力	総 合 的 な 学習の時間	○体験や探究活動を通して，自ら学び，考える力 ○各教科等と関連付けて生き方や社会へ関わる態度
美　　術	○美術的に表現する力 ○感性	特 別 活 動	○集団生活に関する力 ○望ましい人間関係を築く力 ○協力して問題を解決する力

学習活動	指導方法	指導体制	学習評価
生徒や地域の実態を踏まえ，探究課題を設定する。地域の人，もの，ことを生かした学習課題を探究する。学習成果を表現する場を設定する。	生徒の課題意識を発展させる支援の充実。個に応じた指導の工夫。論理的な学習活動の実施。各教科と関連した指導。情報活用能力，問題解決能力の育成。	全校指導体制の確立。校内支援体制の確立。授業時数の確保。弾力的な運用。学習環境の整備。地域と家庭との密な連絡体制の構築。	指導と評価の一体化。観点別評価の基準の作成。生徒個人の自己評価を重視する。各学期，学年末の指導計画の検討。

③ 高等学校「総合的な探究の時間」全体計画（例）

○日本国憲法 ○教育基本法 ○学習指導要領	**学校教育目標** 豊かな心と確かな学力を身に付けた心身ともに健康な生徒の育成	○生徒の実態 ○地域の実態 ○保護者，地域の願い

総合的な探究の時間の目標

○課題の解決に必要な知識及び技能を身に付け，課題に関わる概念を形成し，探究的な学習の意議や価値を理解する。
○実社会や実生活，自己との関わりの中から課題を見いだし，自ら課題を立て，情報を収集・整理・分析して，まとめ・表現することができるようにする。
○探究し主体的・協働的に取り組むとともに，互いのよさを生かしながら，新たな価値を創造し，よりより社会の実現のために積極的に活動に参画しようとする。

身に付けさせたい資質・能力

知識及び技能	思考力，判断力，表現力等	学びに向かう力，人間性等
○具体的な事象を比較したり，関係づけたりしながら課題を発見する。 ○計画を基にねらいに基づいて情報を収集し，課題の答えを発見する。 ○課題に対する答えを明らかにして，学習の成果をまとめる。	○対象に興味や関心をもつ。 ○自ら考えた方法で探究活動を行う。 ○めあてに沿った探究活動を行う。 ○学習の成果を実際の生活の中で効果的に活用する。	○課題に対する自分の見方や考え方をもつ。 ○現在の自分の望ましい行為や態度の在り方を明確にする。

総合的な探究の時間の内容

○現代的な諸課題に対応する横断的・総合的な課題　○地域や学校の特色に応じた課題
○生徒の興味・関心に基づく課題　○職業や自己の進路に関する課題

国　語	○わかりやすく表現する力 ○考えを筋道を立てて表現する力	保健・体育	○健康や安全に関する知識・態度 ○健康な体と体力を積極的に身に付ける態度

数　　学	○事象を数理的に考察する力 ○資料等を適切に読みとり表現する力	理　　科	○科学的に筋道立てて，問題を解決する力 ○見通しをもって観察・実験する力
～～～～略～～～～			
外国語	○言語や文化についての知識と理解 ○コミュニケーションを身に付け国際理解を図る力	特別活動	○人間関係形成力 ○勤労観・職業観

学習活動	指導方法	指導体制	学習評価
生徒や地域の実態を踏まえ，探究課題を設定する。地域の人，もの，ことを生かした学習課題を探究する。学習成果を表現する場を設定する。	生徒の課題意識を発展させる支援の充実。個に応じた指導の工夫。論理的な学習活動の実施。各教科と関連した指導。情報活用能力，問題解決能力の育成。	全校指導体制の確立。校内支援体制の確立。授業時数の確保。弾力的な運用。学習環境の整備。地域と家庭との密な連絡体制の構築。	指導と評価の一体化。観点別評価の基準の作成。生徒個人の自己評価を重視する。各学期，学年末の指導計画の検討。

第２節　年間指導計画の作成

　改訂学習指導要領解説の内容に基づき，年間指導計画の作成について，その要旨を以下に示す[2]。

　年間指導計画の作成に当たっては，前年度に教育課程の見直しを行っておき，見通しをもって４月を迎え，学習活動や児童生徒の意識が連続し発展するように配列することや，また，活用しやすい様式になるように工夫したい。

　作成及び実施上の配慮事項としては，①児童生徒の学習経験に配慮すること　②季節や行事など適切な活動時期を生かすこと　③各教科等との関連を明らかにすること　④外部の教育資源の活用及び異校種との連携や交

流を意識すること等が挙げられる。

　年間指導計画作成の工夫例を次に示す。

年間指導計画作成の工夫（例）

① 学年間の関連やつながりがわかる

　　学校における教育目標を踏まえ，全体計画をもとに総合的な学習の時間を通して育成を目指す資質・能力を明確にした上で，児童生徒の発達段階や学習経験のつながりを考慮して年間計画を作成する。

② テーマや学習内容が見える

　　育成を目指す資質・能力をもとに，各学年で取り上げる1年間のテーマを記す。その際，学級ごとに1年間1テーマでの取組を基本とする。

③ 1年間の流れや学習内容がわかる

　　全体計画の実現のため，1年間の流れの中に児童生徒に意味のある課題の解決や探究的な学習のまとまりとしての「単元」を位置付けて，どのような学習活動を，どのような時期に，どのように実施するかを示す。

④ 各教科等の関連がわかる

　　横断的・総合的な学習を行う観点から，各教科等の関連を明示した工夫を行う。

1 小学校「総合的な学習の時間」年間指導計画（例）

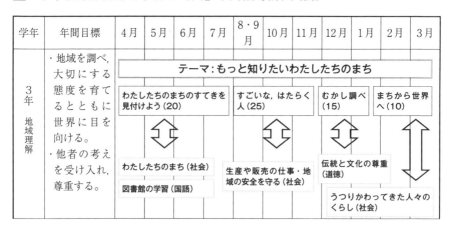

学年	年間目標	4月	5月	6月	7月	8・9月	10月	11月	12月	1月	2月	3月

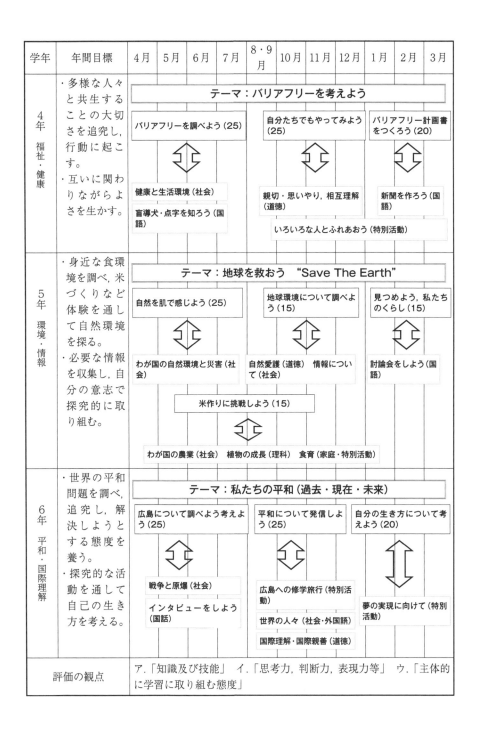

4年 福祉・健康

年間目標：
・多様な人々と共生することの大切さを追究し，行動に起こす。
・互いに関わりながらよさを生かす。

テーマ：バリアフリーを考えよう

- バリアフリーを調べよう（25）
- 自分たちでもやってみよう（25）
- バリアフリー計画書をつくろう（20）

- 健康と生活環境（社会）
- 盲導犬・点字を知ろう（国語）
- 親切・思いやり，相互理解（道徳）
- 新聞を作ろう（国語）
- いろいろな人とふれあおう（特別活動）

5年 環境・情報

年間目標：
・身近な食環境を調べ，米づくりなど体験を通して自然環境を探る。
・必要な情報を収集し，自分の意志で探究的に取り組む。

テーマ：地球を救おう “Save The Earth”

- 自然を肌で感じよう（25）
- 地球環境について調べよう（15）
- 見つめよう，私たちのくらし（15）

- わが国の自然環境と災害（社会）
- 自然愛護（道徳）　情報について（社会）
- 討論会をしよう（国語）

- 米作りに挑戦しよう（15）
- わが国の農業（社会）　植物の成長（理科）　食育（家庭・特別活動）

6年 平和・国際理解

年間目標：
・世界の平和問題を調べ，追究し，解決しようとする態度を養う。
・探究的な活動を通して自己の生き方を考える。

テーマ：私たちの平和（過去・現在・未来）

- 広島について調べよう考えよう（25）
- 平和について発信しよう（25）
- 自分の生き方について考えよう（20）

- 戦争と原爆（社会）
- インタビューをしよう（国語）
- 広島への修学旅行（特別活動）
- 世界の人々（社会・外国語）
- 国際理解・国際親善（道徳）
- 夢の実現に向けて（特別活動）

評価の観点

ア.「知識及び技能」　イ.「思考力，判断力，表現力等」　ウ.「主体的に学習に取り組む態度」

② 中学校「総合的な学習の時間」年間指導計画（例）

学年	年間目標	4月 5月 6月 7月	8・9月	10月 11月 12月	1月 2月 3月

学年	年間目標	月別計画
1年 実生活と実社会の課題	自他理解の促進と人間の尊厳を考える。	**テーマ： 自分自身を知り，他者のこと，社会のことを知る** 人間の権利を考える(15) 学級単位→施設見学 →学習発表会　　子どもの権利条約(20) グループ→方言表現 →ポスター，寸劇　　「いじめ」を考える(15) 判例学習→学習発表会 生活・学習，学級・学年集団形成(特別活動)，性を考える(保健体育)，社会集団の中で生きる私たち，ちがいのちがい／人権の歴史／基本的人権と個人の尊重／自由権―自由に生きる権利／社会権―豊かに生きる権利，私たちの生活と文化の役割(社会)，缶コーヒー（道徳），文字のレタリング(美術)
2年 仕事・職業・実生活の課題	身近な仕事調べ，働くこと，生活について考える。	**テーマ： 職業を体験することから，働くということと社会を考える** 職種を調べる，職業人講話(23) 学年→学級→体験学習→ 学年報告（冊子）　　体験場所を保護者とともに探す(27) 保護者説明会→学級・ 職種グループ　　社会生活の課題の探究(20) 学級→グループ →学習発表会 Career Day ／ Homestay in the United States (外国語)，スーパーマーケットから現代社会を見てみよう(社会)，問題意識をもって聞こう／要約する(国語)，情報モラル・個人情報保護(技術)，社会参画(特別活動)，色彩の基礎／ポスターづくり(美術) ／暮らしや住まいを考える(家庭)，明日を支える仕事／働くということ(道徳)
3年 進路・キャリア・生き方の課題	自らの将来の生き方を考える。「キャリア・パスポート」記録	**テーマ： 進路選択と自己の生き方を考える** 進路先を調べてみよう(25) 学年→高校・専門学校訪問→学習発表会　　先達のキャリア聞取り(25) 班学習→学級単位 →（文化祭展示）　　自己の進路ノートをつくろう(20) 自己内対話→ 卒業行事 より良い社会を目指して(社会・公民)，(理科)，食と生活(家庭)，(道徳)，編集して伝えよう―「環境」のミニ雑誌／比較する／目的や相手に応じて説明する／場面に応じて話そう―条件スピーチ(国語)，My Dream ／ Could you ～?(外国語)，社会貢献／持続可能な社会(道徳)

③ 高等学校「総合的な探究の時間」年間指導計画（例）

1. 学習テーマ（主たる学習内容・活動）
- ○ 前期 「地域の特性の理解」
- ○ 後期 「職業の社会的責任」

2. 学年の目標
第1学年　地域の特性を探究する活動を通して，地域の実態や課題を学び，将来地域を支える人材としての生き方在り方を理解する。

第2学年　地域の歴史や文化，人物や企業等について，自ら探究する活動の中で問題を設定し解決する能力を養う。

第3学年　各教科等で身に付けた知識や技能を生かして，それらを総合的に活用する探究方法を身に付ける。

3. 年間指導計画（第2学年）前期11時間

月	探究の過程	指導のねらい	学習内容・学習活動（時数）	○評価観点（評価方法）	他教科等との関連等
4	課題の設定 ⬇	○1年間どのような活動をするのか，概要を説明し，今後の見通しをもたせる。	オリエンテーション ・地域の特性を探究する，テーマを示す。 ・探究とは何かを生徒たちに考えさせ，学習の進め方を学ぶ。 （2）	○ア, イ, ウ（ワークシート）	・年度当初のオリエンテーション
	情報の収集 ⬇	○課題をイメージさせるため，新聞の読み方に関する講演を聞き，情報収集に役立てる。	・NIE（教育に新聞を）のアドバイザーを呼び，講演を聞く。 ・ワークシートを用いて，気付いたことを書き留める。 （2）	○ア, イ, ウ（ワークシート）	・公（調べ学習） ・国（文章理解）

5	整理分析	○各自が自分で新聞の中からテーマに即した記事を見つけ,その内容を整理し,分析する。	・各自,新聞を選択し,地域に関する記事を探して,整理・分析ができるようにする。(4)	○ア,イ(ワークシート,行動観察)	・公(調べ学習) ・情(情報の調べ方,まとめ方)
6	まとめ・表現	○情報の整理分析後,発表し,各自の考えをまとめる。	・情報機器の基礎的操作法を確認する。 ・整理して分析した内容の発表をペアで行う。(2)	○ア(行動観察) ○ア,イ,ウ(行動観察)	・情(パソコンの使い方) ・社(調べ学習) ・国(表現)
7	(振り返り)	○学習を振り返り,成果と課題を理解する。	・学習を振り返り,成果と新たな課題などを明らかにすることができる。(1)	○ア,イ,ウ(ワークシート)	・社(調べ学習)

(評価の観点)
　ア「知識及び技能」　イ「思考力,判断力,表現力等」　ウ「主体的に学習に取り組む態度」

第3節　学習指導案の作成

１　学習指導案の項目と作成ポイント

　学習指導案は,単元の目標を達成するために,授業で何をどのような順序や方法で指導し,またどのように児童生徒を評価するかについて,一定の形式にまとめたものである。書式については特に定めがあるわけではないが,授業者の意図が伝わるようにするため,また,各教科・科目等の特徴を踏まえた学習指導案にするため,さまざまな工夫がなされている。
　本節では,学習指導要領解説総合的な学習(探究)の時間編「単元計画としての学習指導案」[3]に示された項目,及び総合的な学習の時間の特徴を

踏まえた項目，また，各学校において一般的に取り上げられている項目を下記に紹介する。

1. 単元名

　単元名は，総合的な学習の時間において，どのような学習が展開されるかを一言で端的に表現したものであり，学習の姿が具体的にイメージでき，学習の高まりや目的が示唆できるようにする。なお，この時間の単元名は，児童生徒の活動で表し，指示的な表現は用いないことが望ましい。

2. 単元目標

　単元の目標は，資質・能力の三つの柱に基づき，単元を通して児童生徒に育みたい力や態度を明示する。各学年の目標や内容を視野に入れ，中核となる学習活動を基に構成することが考えられる。表記方法は，一文や箇条書き等がある。

3. 地域・学校・児童生徒の実態

　単元を構想し，構成する際には，児童生徒の実態とともに，地域や学校の実態を把握する必要がある。特に，総合的な学習の時間の学びにおいては，目標の実現にふさわしい探究課題，その解決を通して育成を目指す資質・能力について，どのような実態であるかを広く把握しておくことが大切である。また，中核となる学習活動について，児童生徒はどのような経験をもっているのかも明らかにする必要がある。

4. 教材・題材について

　教材は，教育活動のねらいを達成するために，学習活動の動機付け，方向付け，支える学習活動の素材である。

　なお，「教材」を「題材」と表している指導案も多く見られる。「題材」は，1991（平成3）年5月，文部省の「中学校特別活動指導資料—指導計画の作成と指導の工夫—」のところで，「題材とは，指導のねらいを達成するために必要な生徒の活動のための素材である。」と説明されている。「題材」は，一般的には児童生徒の自主的な活動を促す学習において用いられ，ここでの「素材」は，児童生徒の活動が十分に展開されるように用意

する素材であることに留意したい。

いずれの場合も，学習活動がイメージしやすい表現を工夫する。

なお，以下に示す項目（5. 6. 7）は，各学校で作成される学習指導案によく取り上げられている項目であるので紹介する。

5．単元の指導計画（構想）

その単元全体の指導計画であり，本時の授業と前後の授業との関連，本単元以降の学習とのつながりを記述する。

「目標」「育てようとする資質・能力及び態度」「学習課題から成る内容」「児童生徒が実際に行う学習活動」「必要とされる指導方法（指導助言）」「学習の評価」「指導体制」等について各学校の実態や学習指導案の構成上，必要な要素の基本的な項目・内容や方針等を概括的に取り上げて示す。

6．本時の学習活動

ここでは，本時の「目標」と「展開」で構成される。

⑴　本時の目標は，本時の学習活動を見通し，児童生徒に育みたい資質・能力とのつながりも意識しながら現実的で具体的な表現を心がける。

⑵　本時の展開は，目標の具現化を図るための1単位時間の授業展開であり，児童生徒の「学習活動」，教師の「指導助言」を基本に「評価」「準備物」「他教科との関連」で構成する。

作成上のポイントは，「児童生徒がどのように反応するかを予想し，それに応じた展開を計画しておくことである。また，主な発問の工夫や板書案，授業中の評価の方法についての見通しが必要である。」[3]

7．本時の評価，成果と課題

評価については，本時の評価規準に基づいて，「十分満足できた」「満足できた」と二つ程度を示し，満足できない児童生徒に対する指導の手立てを文章で示すこともよい。また，本時の評価も含めた「成果と課題」を文章で示す工夫もある。

② 学習指導案例（中学校）

1. 日時・場所　○月○日（○）3・4限
　　　　　　　　　　3年A組教室　授業者　○○○○

2. 学年・学級　第3学年A組（35名）

3. 単元名　「あなたは，どのような仕事に向いていると思いますか？」

4. 単元目標

○　5日間の職業体験学習を発展させ，生徒のキャリア形成と道徳性の発達を目指す学習により，知識や学びに向かう力，道徳性等の育成を図る。

○　探究的な見方・考え方や社会の形成者としての見方・考え方を働かせ，職業観の醸成を図り，人間としての生き方を考えることにより，思考力や学びに向かう力，人間性等の育成を図る。

5. 地域・学校・生徒の実態

　本校の通学区域は都市部の中心地にあり，5小学校から進学してくる。生徒の多くは元気であるが，自分に自信が無く自己肯定感が低い傾向が見られる。また，職業・仕事について目にする機会は多くても，その実際をじっくり考えることは少ない。当該学年の3年生は，これまでキャリア教育の研究指定校として多彩な学習経験を有している。

6. 教材（題材）について

　教材には，渡邉監，松吉・中尾・角野編（2007）『シティズンシップ教育・キャリア教育・環境教育DVD教材／指導書』東京書籍を利用する。本教材は，大手企業M社の冷蔵庫設計部門と研究部門の葛藤場面の映像をリアルに表現しており，単元目標の具現化を図り，育成すべき資質・能力を培う最適な内容である。

7. 指導計画の概要　（全11時間）

次	探究の過程	主な学習活動 （　）：時数	指導上の留意点	○評価観点 ・準備物 △他教科等
1	課題の設定 ⇩	○ガイダンス （体育館，教室） ・予定の確認 ・課題の確認　　　（1）	・学習活動の計画を理解 　できるようにする。 ・学級やグループで予定 　の整理を促す。	○ア，イ，ウ ・ワークシート △社会科，特別 　活動
2	情報の収集 ⇩	○体験を通した課題発見 ・職業体験での新たな気 　付きを確認する。 ・職業体験を通して職種 　と社会との関係につい 　て話し合い，発表する。 　　　　　　　　（1）	・体験で得た発見を発表 　できるようにする。 ・各職業の社会的役割に 　ついて確認し，社会の 　循環を考えられるよ 　うに助言する。 ・情報の共有を促す。	○ア，イ，ウ ・職業体験記録， 　ノート，ワー 　クシート，パ 　ソコン △社会科，特別 　活動
3	整理・分析 ⇩	○データ資料を集める。 ・失業率，雇用格差，生 　涯賃金，年齢別貧困比 　較，離職と再雇用のデ 　ータを収集する。 　　　　　　　　（2）	・高度成長期とその後か 　ら現在までの社会の 　変容と構造を理解で 　きるようにする。 ・グループ内で役割を分担 　してデータ収集を行い 　整理を促す。	○ア，イ，ウ ・パソコン，資 　料 △数学，社会科， 　特別活動
4	まとめ・表現 ⇩	○集めたデータ資料から 　職業と生活について整 　理・比較・分析し，模 　造紙にまとめる。 　　　　　　　　（5）	・データ資料から見えて 　くる職業と生活を複 　眼的に把握できるよ 　うにする。 ・他者と協力して作業を 　進めることを助言す 　る。	○ア，イ，ウ ・模造紙，ペン， 　ワークシート △数学，社会科， 　美術，道徳科， 　特別活動
5	振り返り	○ＤＶＤ教材を用いて討 　議する。 　　　　　　　　（1） ○学習活動を振り返る。 　　　　　　　　（1）	・持続可能な社会の視点 　から利潤と品質の葛藤 　について，学級やグル 　ープで話し合い，発表・ 　記録を助言する。 ・学習を振り返り，成果 　と課題を理解し，進路 　に生かすことができ 　るようにする。	○ア，イ，ウ ・ワークシート， 　キャリアパス 　ポート △社会科，特別 　活動

※上表内　ア「知識及び理解」　イ「思考力，判断力，表現力等」　ウ「主体的に学習に取り組む態度」

8. 本時の学習活動

(1) 目標

○ 葛藤場面の映像を見て，オープンエンドの話合いを行い，自己の意見とグループでの意見の違いを知り，知識，判断力等の資質・能力を身に付けられるようにする。

○ 学級全体の多角的な見方・考え方を知り，これまでの生き方の価値や職業観の認識を捉え直す機会とし，学びに向かう力，人間性等の資質・能力を身に付けられるようにする。

(2) 展開（100分間）

段階	主な学習活動	指導上の留意点	○評価観点 ・準備物 △他教科等
導入 10分	1. 前回の授業を振り返る。 2. 本時の内容について説明を聞く。	○市場経済の採算性，雇用の変容等について振り返らせる。 ○環境問題，仕事の視点から，DVDを視聴し，葛藤場面を話し合うことを助言する。	○ア，ウ ・ICT機器 △社会科，道徳科
展開 80分	3. DVD「会社って環境にやさしいことしてる？」を視聴し，葛藤場面についてグループ内で話し合って，発表する。 4. DVD「やめる？やめない？仲間と苦労の日々」を視聴し，新断熱材の価格と性能との葛藤場面について，グループで話し合う。 5. グループの話し合いの内容を画用紙にまとめて全体発表する。	○DVDを視聴し，どこに葛藤があるかをグループで話し合って認識できるようにする。 ○発表を聞きながらシートに記録し整理することを促す。 ○利益追求の経営部門と地球環境問題や未来生活に対応した新製品開発を目指す研究部門の葛藤について自分の考えをもち，話し合えるようにする。 ○発表では，多角的な見方・考え方や職業観などを理解し，意見交換ができるように助言する。 ○他グループの発表を聞き，自己の意見が変容した場合は記録に取り，学びを実感できるようにする。	○ア，イ，ウ ・DVD教材，ワークシート，画用紙 △国語，社会科，特別活動，道徳科

まとめ 10分	6. 学習活動を振り返り，本時の学習をまとめる。	○感想と自己評価をワークシートに記載し，ポートフォリオに綴って整理することを促す。	○イ，ウ ・ポートフォリオ（自己評価シート），ワークシート

※上表内　ア「知識及び理解」　イ「思考力，判断力，表現力等」　ウ「主体的に学習に取り組む態度」

引用文献

1) 文部科学省『小学校学習指導要領（平成29年告示）解説　総合的な学習の時間編』東洋館出版社　平成30年　pp.89

文部科学省『中学校学習指導要領（平成29年告示）解説　総合的な学習の時間編』東山書房　平成30年　pp.85

2) 同上書　小学校　pp.95-98，中学校　pp.91-94

3) 同上書　小学校　pp.104-105，中学校　pp.99-100

参考文献

○　文部科学省『今，求められる力を高める総合的な学習の時間の展開』教育出版，2013年

○　平塚益徳・澤田慶輔・吉田昇編著『教育事典』小学館　昭和43年　p.163

コラム-5　課題探究学習における「課題発見ツール」

　総合的な学習・探究の時間における課題探究学習では，課題設定の難しさが挙げられる。課題設定の指導において，課題発見に役立つツールを用いた学習を展開し，児童生徒の学習意欲を高めたい。
1.　フォトランゲージの導入
　　フォトランゲージとは，写真を使って行う参加型の学習法である。写真を見て，そこから状況や状態を想像し，印象や課題発見など，グループで言語化し，多様なことに気付くことができて学習が深まる。
2.　強みからテーマ探しチームづくりの工夫
　　自分が興味をもつことなどをキーワードに置き，8つの動詞を介して連想を広げ研究テーマの設定に近づいていくワークである。研究グループを編成する前の段階として実施すると効果的である。
3.　問いづくりのブレーンストーミングの工夫
　　素朴な疑問を自由に発言できる場づくりが主眼となる。他者の発問に触発されて新たな問いが生まれるといったチーム効果も期待できる。
4.　問いを磨くグループワークの導入
　　素朴な疑問を，仮説が立てられるリサーチクエスチョンへと磨きあげる手法である。様々な要因を分析し，複数の仮説を立てて批判的に吟味する。
5.　比較や対比・対照の導入（Compare and Contrast）
　　未知のフィールドへ分け入る方法として，類似点，相違点を分析する比較と対比のツールで論点整理し，新たな視点を発見することができる。
6.　三角ロジックのツールの導入
　　論理的思考の構造（根拠と論拠による主張）に気付くツールである。
　課題設定の指導では，具体的な課題に絞り込むツールを児童生徒が活用できると，主体的で探究的な学びとなる。

（中園大三郎）

（参考文献）堀川，松田，他『探究学習の指導』大阪教育大学付属高等学校　平成31年　p.5

「総合的な学習・探究の時間」の学習指導

第1節　学習指導の基本的な考え方

　小・中・高等学校における総合的な学習・探究の時間の学習指導の基本的な考え方について，学習指導要領解説には次の三点にわたって明記している。以下，その概要を示す。

○　**児童生徒の主体性の重視**

　知的好奇心に富み，自ら課題を見付け学ぶ意欲をもつ児童生徒に対して，教師は肯定的に捉え，その力を引き出し，支え，伸ばしていく指導を進めることは欠かせない。「児童生徒の主体性の重視」とは，児童生徒がもつ潜在的な能力が発揮されるような学習指導を行うことである。

○　**適切な指導の在り方**

　児童生徒の主体的な取組を広げ深めていくためには，適切な教材選定や探究的な学習として展開するための教師の指導性の発揮が重要となる。そのためには，教師自身が考えや，期待する学習の方向性などのイメージを明確にもち，児童生徒の望ましい変容の姿を想定することが求められる。

　このような，教師の指導性と児童生徒の自主性のバランスを保ちそれぞれを適切に位置付ける指導が「適切な指導の在り方」である。

○　**具体的で発展的な教材**

　総合的な学習・探究の時間に質の高い探究的な学習活動を展開するための教材の特徴は，次の三点である。

　一つには，児童生徒の身近にあり，直接体験をしたり繰り返し働きかけたりすることができる具体的な教材であること。特に実物に触れた

り，実際に行ったりすることができるような直接体験を優先すべきである。

　二つには，児童生徒の学習活動が豊かに広がり，発展していく教材であること。特に，実際の生活にある問題や事象を取り上げると効果的である。

　三つには，実社会や実生活について多面的・多角的に考えることができる教材であること。身近な事象や現代社会の課題等について，特定の立場や見方に偏った取扱いがなされているような教材は適切ではない。

第2節　探究的な学習・探究の過程における「主体的・対話的で深い学び」

　次に，探究的な学習の過程を，「主体的・対話的で深い学び」の視点で授業改善をするための要点について述べる。

1　「主体的な学び」の視点

　「主体的な学び」とは，自分なりの意味付けを行ったり，自分なりの工夫を加えたりすることで，主体として能動的に行動することである。

　探究的な学習の過程においては，「課題設定」の段階で児童生徒が課題に対して「自分事」としての意味付けを行うことで，その課題に主体性をもって学びを進め実社会や実生活の問題を取り上げていくような「主体的な」学習活動を行うことができる。また，探究的な学習で得た体験や情報，知識等を，自分の考えとして整理することで深い理解につながる。

　「主体的な学び」を実現するためには，学習途上やまとめの段階で振り返りの活動を行うことで，自らの学びを意味付けたり価値付けたりしながら他者と共有することが重要となる。

② 「対話的な学び」の視点

「対話的な学び」とは，言葉を介して多様な他者と交流することで，自らの考えを広げ深めるような学びのことで，その価値には次の三点が挙げられる。

(1) 他者へ説明することで，身に付けた知識や技能をつながりのある構造化された情報へと変容させることができる。

(2) 他者から多様な情報が供給されることで，質的に構造化を高めることができる。

(3) 自ら学びともに学ぶ姿を具現化するなどの授業改善の工夫によって，具体的な学習活動や学習形態，学習環境を用意し，児童生徒の思考を広げ，新たな知を創造することができる。

このような「対話的な学び」は，協働的な学習の結果を出すことを目的とするのではなく，児童生徒一人一人の資質・能力の育成を図るものである。また，「対話的な学び」は，自己との対話や文献の中の先人との対話，ＩＣＴ機器等を使った離れた場所にいる他者との会話等，様々な対話の姿が考えられる。

③ 「深い学び」の視点

「深い学び」とは，各教科等で身に付けた資質・能力を活用・発揮し，概念化された知識及び技能や汎用的に高められた思考力，判断力，表現力等を多様な文脈で使えるものに高める学びである。この実現のためには，「①課題の設定，②情報の収集，③整理・分析，④まとめ・表現」の探究的な学習の過程を充実することが重要である。探究的な学習の過程を充実させることで，児童生徒は手ごたえをつかみ，前向きな気もちで更なる学習に取り組む安定的で持続的な意思を涵養することができる。このことが，学びを人生や社会に生かそうとする「学びに向かう力，人間性等の涵養」につながるのである。

　小・中・高等学校の学習指導要領解説[1]では,「横断的・総合的な学習」を,「探究的な見方・考え方」を働かせて行うことを通して,小・中学校では「よりよく課題を解決し,自己の生き方を考えて」,高等学校においては「自己の在り方生き方を考えながら,よりよく課題を解決して」いくための「資質・能力」を育成することを目指すと述べている。

　学習においては,実際の生活場面や社会の問題を自分ごととして自他の立場から捉え,それを自己の生き方,そして在り方と関連付けていくこととなるが,重要な点は,「実生活」と直接結び付いているということだろう。その上で,学習集団としての各学習主体が共通の課題意識をもって解決に向けた探究活動であることは,従来から強調されている。また,同解説は,「探究的な学習」を物事の本質を探って見極めようとする一連の知的営みという。「探究的な見方・考え方」については,各教科等における見方・考え方を総合的に活用するとともに,広範な事象を多様な角度から俯瞰して捉え,実社会・実生活の課題を探究し,自己の生き方を問い続けることと説く。

　本節においては,今回の学習指導要領の改訂趣旨を実現するための具体的な学習のポイントを以下に記す。

１　学習過程を探究的にする

　前述の解説においては,探究的な学習をするために,学習プロセスが次のようになることが重要という。まずは,体験活動などを通して,課題を設定し課題意識をもつという「①**課題の設定**」である。次に,必要な情報を取り出したり収集したりするという「②**情報の収集**」である。そして,収集した情報を,整理したり分析したりして思考する「③**整理・分析**」である。最後に,気付きや発見,自己の考えなどをまとめ,判断し,表現するという「④**まとめ・表現**」である。この探究の学習プロセスにおいては,その順番

は前後することもあるし，一つの活動に複数のプロセスが同時に行われることもあり，こうした活動を繰り返していくことが探究的な学習の実現につながるし，こうした探究のプロセスが何度も繰り返され深まるとする。

　以下に，それぞれのプロセスごとの学習活動のイメージと具体的な学習指導のポイントを記す。

1. 課題の設定

　総合的な学習・探究の時間では，児童生徒が実社会や実生活に向き合い，自ら課題意識をもち，その意識が連続発展することが欠かせない。しかし，児童生徒が自ら課題をもつことが大切だからといって，教師が何もしないでじっと待つのではなく，教師が意図的な働きかけをすることが重要と解説は示している。教師の意図的な働きかけとは高度な配慮が必要であり，これを間違えれば安易な活動と化してしまう危険性を秘めている。この意味から教師が行う指導・支援は，高度な教養，深い人間愛，さらに未来を見据えた教育観に支えられている必要がある。まさに教師に特化した探究的な見方・考え方を働かせる行為となる。児童生徒の学習プロセスにおける教師の役割は大きい。

2. 情報の収集

　課題意識や設定した課題を基に，児童生徒は，観察，実験，見学，調査，探索，追体験などを行う。こうした活動により，児童生徒は課題の解決に必要な情報を収集する。情報を収集する活動は，そのことを児童生徒が自覚的に行う場合と無自覚的に行っている場合とがある。目的を明確にして調査したりインタビューしたりするような活動は，自覚的に情報を収集していることになる。一方，体験活動に没頭したり，繰り返したりしている時には，無自覚のうちに情報を収集していることが多い。そうした自覚的な場と無自覚的な場とは常に混在している。情報を収集することにおいても体験活動は重要である。

　実社会や実生活で自らも他者も経験を通して発見，気付いたことを，

他者と相互に共同で振り返ることが，他者との会話や他者の思考を媒介にして再び自己内対話としての深い学びにつながる可能性がある。

3．整理・分析

　前項のような学習活動によって収集した多様な情報を整理し分析したりして，思考する活動へと高めていく。収集した情報は，それ自体はつながりのない個別なものである。それらを種類ごとに分けるなどして整理したり，細分化して因果関係を導き出すなどして分析する。それが思考することであり，そうした学習活動を位置付けることが重要である。このような活動は，教室に限らず図書室，多目的教室，パソコンルーム等を活用して行うことも有効である。

　情報の整理・分析は，それぞれを比較して考える，同類を分類して考える，ある条件で序列化して考える，類推して考える，関連付けて考える，原因や結果に着目して考えるなど「考えるための技法」を意識することがポイントになる。そして，この「考えるための技法」を用いた思考を可視化する思考ツールを活用することで，整理・分析場面の学習活動の質を高め，全ての児童生徒に資質・能力を確かに育成していくことが求められていると解説[2]は説く。

4．まとめ・表現

　情報の整理・分析を行った後，それを他者に伝えたり，自分自身で考えたことをまとめたりする学習活動を行う。そうすることで，それぞれの児童生徒の既存の経験や知識と，学習活動により整理・分析された情報とがつながり，一人一人の児童生徒の考え方が明らかになったり，課題がより一層鮮明になったり，新たな課題が生まれたりしてくる。これが学習としての質が高まっていくことであり，深まりのある探究的な学習活動を実現することにつながる。

② 他者と協働して主体的に取り組む学習活動にする

　学習指導要領の同解説[3]は，主体的に学ぶ，協働的に学ぶことの意義を説くために，「幼稚園，小学校，中学校，高等学校及び特別支援学校の学習指導要領等の改善及び必要な方策等について」（平成28年12月21日）において中教審答申が表現した「人工知能にない人間の強み」について触れ，次の内容を示している。

　総合的な学習の時間・探究の時間は，その目標で示すように，特に異なる多様な他者と協働して主体的に課題を解決しようとする学習活動を重視するため，学年や学級集団，グループ等で友達や地域の人たちと協働的に学ぶことの意義について三つの点を確認している。(1)「多様な情報の収集に触れること」として，同じ課題を追究する学習活動を行っていても，収集する情報は協働的な学習の方法が多様であり，その質量も多い。情報の多さは，その後の整理や分析を質的に高めるために欠くことのできない重要な要件という。(2)「異なる視点から検討ができること」として，整理したり分析したりする際に，異なる視点や異なる考え方がある方が，深まりが出てくる。一面的な考えや同じ思考では，情報の整理や分析も画一的になりやすいという。(3)「地域の人と交流し，友達と一緒に学習することが，相手意識を生み出したり，学習活動のパートナーとして仲間意識を生み出したりする」として，ともに学ぶことが個人の学習の質を高め，同時に集団の学習の質も高めていくという。

1．多様な情報を活用して協働的に学ぶ

　体験学習では，それぞれの児童生徒が様々な体験を行い，多様な情報を手に入れる。それらを出し合い，情報を交換しながら学習集団としての学級全体で考えたり，話し合ったりして，課題が明確になっていく場面が考えられる。学級という集団での協働的な学習を有効に機能させ，多様な情報を適切に活用することで，探究的な学習の質を高めることが可能という。

例えば，町探検をしたとして，互いの発見したことを出し合い，共通点や相違点に気付いたり，互いの発見の関連性を見付けたりして，学習の目的や課題を明確にしていくことができる。

これらは個々の児童生徒の成熟度や学習集団としての学級やグループの人間関係や環境によって，多彩な様相を醸し出すこととなる。

2．異なる視点から考え協働的に学ぶ

物事の決断や判断を迫られるような話合いや意見交換を行うことは，収集した情報を比較，分類し，関連付けたりして考えることにつながる。その場面で，異なる視点からの意見交換が行われることで，互いの考えは深まる。このように異なる視点を出し合い，検討していくことで，事象に対する認識が深まり，学習活動をさらに探究的な学習へと高めていくことが考えられる。それゆえ，異なる個性，興味関心をもっている児童生徒同士が学ぶことに大きな意義がある。こうした学習を通して，互いのよさや可能性を尊重し合う態度の育成にもつながっていく。

3．力を合わせたり交流したりして協働的に学ぶ

一人でできないことも集団で実現できることは多く，また児童生徒間でできないことも地域の人や専門家，大学生などとの交流は，児童生徒の社会参画の意識を目覚めさせる。

探究的な学習に協働的に取り組むことを通して，児童生徒は協働的な学習のよさや意義を学ぶことができる。協働的に学ぶことは，総合的な学習の時間だけでなく，学校教育全体で進めていくものであること。あらかじめ決まった一つの答えがない探究的な学習だから協働的な学習のよさが見えやすい面がある。

4．主体的かつ協働的に学ぶ

協働的に取り組む学習活動においては，「なぜ，その課題を追究してきたのか（目的）」，「これを追究して何を明らかにしようとしているのか

（内容）」，「どのような方法で追究すべきなのか（方法）」などが児童生徒の中で繰り返し問われる。これは，児童生徒が自らの学習活動を振り返り，その価値を確認することとなる。協働して学習活動に取り組むことが，児童生徒の探究的な学習を持続させ発展させるとともに，一人一人の考えを深め，自らの学習に対する自信と自らの考えに対する確信をもたせることにつながる。学級集団や学年集団を学習集団として生かすことで，個の学習と集団の学習が互いに響き合い，質の高い学習を成立させることが求められている。

　児童生徒が現実の社会に出た時に直面する問題のほとんどは，一人の力だけでは解決できないもの，協働することでよりよく解決できるものである。しかし，問題を自分のこととして受け止め，よりよく解決するために自分が取り組もうとする主体性がなければ，協働は成り立たない。

　この時間は，協働的な学習を基盤とする。しかし，その目的とするところは，目標で明示したように一人一人がよりよく課題を解決し，自己の生き方を考えていくための資質・能力を養うことにある。担当教員は，指導計画の作成の段階，学習活動を行う段階，学習評価を行う段階でこれを意識する必要がある。協働的に学ぶということは，それぞれの個性を生かすということでもある。学級の中には，全ての児童生徒が社交的で開放的であるとは考えられないし，内省を好む児童生徒，他者との関わりに困難さを感じる児童生徒もいて当然である。全ての児童生徒を同じ方向に導くということではなく，それぞれが主体的に学ぶこと，協働的に学ぶことのよさを実感できるように工夫することが必要である。そのためにも，協働性と主体性の両方をバランスよく意識したい。第1の目標(3)に「探究的な学習に主体的・協働的に取り組む」と明示されたこと，各学校が育成する資質・能力を設定するに当たり「学びに向かう力，人間性等については，自分自身に関すること及び他者や社会との関わりに関することの両方の視点を踏まえること」とされた趣旨は，こうした主体的であることと協働的であることの両方が重要であることを表している。

従来の「協同的」を平成29年3月告示の改訂で「協働的」と改めた趣旨は，意図するところは同じであるが，上述のような異なる個性をもつ者同士で問題の解決に向かうことの意義を強調するためである。

　従前の総合的な学習の時間においても，まずは児童生徒が自己の考えを記述した後に，グループとして他者との話合い活動を行い，それぞれのグループが発表し合い，そこで出された多様な意見や情報から見方や考え方を発見し，知ることができる。

　ここで知ることができた新たな発見，見方や考え方を土台に，さらに自己の考え方を検討し，捉え直していく学習活動が学習効果を高めてきたことは，多くの教師は体験的に実感している。このことが実感できていない教師は，知識の表面的な記憶の量を測ることを学習としてきた教育観の転換を図ることが必要となった。この転換は，あらためて学校や社会に求められている。

　上智大学の奈須は，コンピテンス概念を提唱したハーバード大学のロバート・ホワイトを引用して，「ホワイトが言うように，コンピテンスの芽生えやそれを発展させるメカニズム自体はすべての子供が生得的に所有しているのですから，『資質・能力を育成する』といった表現すら適切でなく，『資質・能力の顕在化を支援する』『資質・能力の拡充・洗練を促すべく学習環境を整える』と言うべきなのかもしれない」とした。その上で，「資質・能力を基盤とした教育において各教科等を教えるとは，その各教科等ならではの『見方・考え方』に照らして，その子の資質・能力がよりよく顕在化・拡充・洗練するよう支援することだと再定義できる」[4]と捉え方の重要性を示唆している。

　広く知られていることとして，主体的かつ協働的に学ぶ環境としての教室においては，児童生徒の身体的・心理的な発達段階を考慮すること，相互の人間関係や居住する地域社会の特性も考慮する必要がある。また，生活保護家庭の児童生徒，帰国子女や外国籍の児童生徒等への配慮や支援が実践されて，学習者である人間としての基本的な権利が保障されるという前提は，教職員として確認しておく必要があり，そのための

教職員間の良好な同僚性が保たれなければならない。

③ 他教育活動との関連

　総合的な学習・探究の時間の年間指導計画の作成に当たっては，全ての教育活動と同様に，他教育活動（各教科等。以下同じ。）との関連的な指導を行うことが求められている。関連的な指導は，この時間以外の各教科，道徳科，外国語活動，及び特別活動の全てにおいて大切であるが，とりわけ横断的・総合的な学習を行う観点から，この時間において最も数多く，幅広く行われることが予想される。こうした特性を踏まえ，この時間は他教育活動との関連付けを年間指導計画の作成において明記することが重視されている。

　具体的には，他教育活動で身に付けた資質・能力を十分に把握し，組織し直し，改めて現実の生活に関わる学習において活用されることが期待されている。そうした資質・能力を適切に活用することが，総合的な学習の時間における探究的な学習活動を充実させることにつながる。

　例えば，この時間と他教育活動との関連を探究的な学習過程に整理し，各過程における学習活動の事例を以下に紹介する。

表-1　「総合的な学習・探究の時間」と他の教育活動との関連（例）

この時間の学習過程	他の教育活動との関連
課題の設定 体験活動などを通して，課題を設定し課題意識をもつ。	（例1）資料を比較して課題を設定する。 （例2）kj法的な手法で課題を設定する。 （例3）ウエビングでイメージを広げて課題を設定する。　　　　　　　　　　など
情報の収集 必要な情報を取り出したり収集する。	（例1）アンケート調査で情報を収集する。 （例2）図書室等で情報を収集する。 （例3）インターネットで情報を収集する。 　　　　　　　　　　　　　　　　　など

整理・分析 収集した情報を，整理や分析したりして思考する。	(例1) カードやグラフで整理・分析する。 (例2) 図表等で整理・分析する。 (例3) ベン図で整理・分析する。 など
まとめ・表現 気付きや発展，自分の考えなどをまとめ，判断し，表現する。	(例1) 振り返りカードでまとめ，表現する。 (例2) 保護者や地域住民などに報告する。 (例3) プレゼンテーションでまとめる。 (例4) 新聞でまとめ，表現する。 など

　以上の実践事例（小・中・高等学校）の一部を，本書第10章において取り上げ，テーマごと，学校種別に紹介する。

④　体験活動の重視

　総合的な学習・探究の時間では，設定した探究課題に迫り，課題の解決につながるような体験活動が重視される。ここで重視される体験活動とは，例えば，自然体験，社会体験，文化・芸術体験，ものづくり体験，生産体験，観察・実験，見学や調査，発表や討論などが考えられる。いずれの場合においても探究的な学習の過程に適切に位置付けた体験活動が求められる。

　以下，探究のプロセスにおける体験活動の効果について記述する。

【課題の設定】では，児童生徒が実社会や実生活での体験活動を通して課題意識をもち，自ら課題を設定することによって主体的な探究学習が可能となる。

【情報の収集】では，課題の解決に向けて必要な情報を，観察・実験，見学，調査，探索，追体験などの体験活動を通して，自覚的に収集することができる。

【整理・分析】では，数値化や言語化された多様な情報を比較，分類，序列化，類推，関連付け，原因・結果に着目した考察などによって探究が深まる。

【まとめ・表現】では，整理・分析した内容から気付きや発見，考えたことを，目的や相手を意識したまとめや発表によって，成果を挙げることができる。

このように，多様な体験活動を取り入れたり，組み合わせたりすることが，効果的で実りある探究学習につながることになる。

中学生「火起こしの体験」

5 言語活動の充実

小・中・高等学校の各学習指導要領総則で，児童生徒の言語能力は，全ての学習の基盤となる力として位置付けられ，「国語科を要としつつ各教科・科目等の特質に応じて，児童生徒の言語活動を充実すること」と明示されている。

当然，総合的な学習・探究の時間においても，教科等の枠を超えた横断的・総合的な学習であることや，探究的な学習や協働的な学習であるという特質に応じた言語活動の充実が求められる。

○ **教科等の枠を超え横断的・総合的な学習に応じた言語活動**

総合的な学習・探究の時間は，課題設定や探究過程が横断的・総合的な学習である。そこで，各教科等での言語活動を課題解決や探究的な学習の過程に，適切かつ効果的に取り入れることも重要となる。例えば，

- 体験から感じ取ったことを，国語，音楽，図画工作科・美術，保健体育等の学習で身に付けた言葉，歌唱，絵画，身体等を用いて表現する。
- 事象や事実を，理科の実験・観察，社会の見学結果の記述や報告等の学習経験を生かして，正確に伝達する。
- 様々な事象の概念・法則・意図等について，社会，理科，技術・家庭等で考察した日常生活の在り方を基に，解釈，説明，活用する。
- 収集した情報を，国語，算数・数学，社会，理科等で学んだ論理的，統計的，科学的な考え方を活用して，分析・評価し，論述する。
- 社会的な課題について，理科の仮説追究や音楽，図画工作科・美術等の芸術表現や創作活動の手法を参考に，解決の構想を立て実践する。
- 互いの考えを伝え合う際に，国語，外国語，道徳科，特別活動等での集団協議や対話の体験を生かして，自己や集団の考えを発展させる。

などが考えられる。このように，この時間の言語活動の充実は，各教科の言語活動をより充実させることにつながるなど，双方向的な往還関係にあると考えることができる。

○ **探究的な学習や協働的な学習に応じた言語活動**

　探究的な学習の過程では，言語により分析し，まとめたり表現したりする学習活動が不可欠である。言語による分析では，前掲の「考えるための技法」(本書第5章第3節4を参照) を活用して思考を可視化することが有効である。例えば付箋紙などを用いて，集めた情報を共通点と相違点とに分けて比較したり，視点を決めて分類したり，既有の知識と関連付けたり，時間軸に沿って順序付けたり，理由や根拠を示したりする活動などが考えられる。思考ツールとしては，情報を構造化するウェビング図，複数の視点での分析を図るレーダーチャート，気付きを類型化するためのKJ法的な手法，複数のデータを整理する表やグラフ，多面的な情報について座標軸を用いて視覚的にとらえる4象限など，様々な方法がある。

　言語によるまとめや表現では，分析したことを文章やレポートに書き

表したり，口頭で報告したりする活動が必要となる。具体的には，新聞やリーフレットの作成，論文やレポートの記述，図表やグラフや写真などを用いたプレゼンテーションやポスターセッションによる発表など多彩な方法がある。

　探究的な学習過程の特質に応じた言語活動の充実は，児童生徒の言語能力を高めると同時に，探究的な学習過程が質的に高まるという相乗効果的な役割や意義を担っていると言える。

小学生「付箋紙を活用した話合い」

中学生「レーダーチャートを用いた話合い」

引用文献

1) 文部科学省『小学校学習指導要領（平成29年告示）解説 総合的な学習の時間編』東洋館出版社 平成30年 pp.114-123

  文部科学省『中学校学習指導要領（平成29年告示）解説 総合的な学習の時間編』東山書房 平成30年 pp.109-119

  文部科学省『高等学校学習指導要領（平成30年告示）解説 総合的な探究の時間編』学校図書 平成31年 pp.123-132

2) 同上書 小学校pp.117-118 中学校pp.113-114 高等学校pp.126-127

3) 同上書 小学校pp.119-123 中学校pp.115-119 高等学校pp.129-132

4) 奈須正裕『「資質・能力」と学びのメカニズム』東洋館出版社 2017年 pp.55-56.

参考文献

○文部科学省『小学校学習指導要領（平成29年告示）解説 総合的な学習の時間編』東洋館出版社 平成30年

○文部科学省『中学校学習指導要領（平成29年告示）解説 総合的な学習の時間編』東山書房 平成30年

○文部科学省『高等学校学習指導要領（平成30年告示）解説 総合的な学習の時間編』学校図書 平成31年

○文部科学省『（中学校編）今，求められる力を高める総合的な学習の時間の展開』教育図書 平成22年11月

第8章 「総合的な学習・探究の時間」の評価

　評価についての改革が進まない限り，あらゆる改革の努力が結ばれることはない。それゆえ，前学習指導要領では，「指導と評価の一体化」が大きく取り上げられていた。

　教師が，児童生徒の実態に即して授業を創造し，構成・構築しながら実践を積み重ねる。そこには，児童生徒とのやり取りが存在し，必ずフィードバックされていく。このフィードバックを，どう受け止めるかが「評価」であり，それをどのような「指導」に生かしていくのかが問われている。いわゆる「PDCA サイクル（マネジメント・サイクル）」である。

　この視点は，目標達成の場では重要であり，一般社会では「当たり前」に行われていることである。本視点から，観点別学習状況の評価が的確に行われていなければ，往々にして形式的で固定的な指導に偏り，児童生徒の内面を支え，導くという指導が後退していく恐れが生じる。

第1節　児童生徒の学習状況の評価

1.「目標・内容・評価」の三視点提示とともに

　評価の目的は，「どのような資質・能力が身に付いたか」という，学習成果を判断することである。そして，指導の改善を図るとともに，児童生徒が自らの学びを振り返り，次の学びに向かうことができるようにすることである。成長を保障する「評価」の在り方は極めて重要であり，目的は常に意識しておかなければならない。

　新学習指導要領では，「目標と内容と評価を，同時に提示する」と明言し，告示された。従来は「目標と内容」が先に示され，「評価」は後から補足されるということが多かった。

さらに今回は,「第１の目標」と「各学校における教育目標」を踏まえ,「各学校において定める目標・内容」を適切に定め,特色ある教育活動を展開することと大きく変更された。従って,今後,明確で分かり易い「目標のベクトル」を,校内で共通理解することである。

2. 新学習指導要領における評価

　発足当初から,教科のように数値的に評価することはせず,活動や学習の過程,学習の状況や成果などについて,児童生徒のよい点,意欲や態度,進歩の状況などを踏まえ,指導要録の記載においては,数字による評定を行わず,所見等を記述することに変更はない。

　しかしながら,「教育課程や学習・指導方法の改善を,一貫性をもった形で改善を進める」と示され,カリキュラム・マネジメントにまで言及するようになった。その結果,従来の「学習対象」に相当する「目標を実現するにふさわしい探究課題」を,学年に応じた指導計画の内容として,早い段階で定めておかなければ,各学年で具体的な「年間学習指導計画」の立案ができないこととなる。

　なお,高等学校新学習指導要領では,大学入試に大きく影響される高等学校教育を改革していくため,「主体的・対話的で深い学び(いわゆる「アクティブ・ラーニング」のこと)」が特に強調されている。探究の過程を辿りながら,相互交流を図るとともに,他者へも関わりをもっていくことを主なねらいとしているので,評価としても,そこに焦点を当てる必要がある。

3.「目標に準拠した評価」の観点

　学習指導要領では,総合的な学習・探究の時間の目標(第１の目標)を踏まえ,各学校の目標,内容に基づいて定めた観点による「観点別学習状況の評価」を基本とすることが示されている。

　この「観点別学習状況の評価」は,これまで次の(1)～(4)の観点で行われてきた。

(1)　関心・意欲・態度　　(2)　思考・判断・表現　　(3)　技能
(4)　知識・理解

　しかしながら，これからは，各学校が観点を設定するという枠組みは維持しながら，第1の目標を実現するにふさわしい探究課題と探究課題の解決を通して育成を目指す次の「資質・能力の三つの柱」が，新しい評価観点の基本となる。

　ア.「知識及び技能」　　イ.「思考力，判断力，表現力等」
　ウ.「学びに向かう力，人間性等」

　以上の「三つの柱」を受け，「探究課題の解決を通して育成を目指す具体的な資質・能力」を決めていく。なお，本書では，ウの資質・能力は，情意や感性などが含まれ，これらは観点別評価になじまないことから，ウを評価観点とする場合の表記は，2016（平成28）年12月，中央教育審議会答申で示された「主体的に学習に取り組む態度」に合わせている。

4．学習評価の進め方

(1)　各学校ごとにおいて定める内容をよりどころとして，どのような学習を通して，どのような資質・能力を育成することを目指すのかを明確にして単元の目標を作成する。

(2)　単元の目標を踏まえ，「単元の評価規準」を作成する。

(3)　上記(1)(2)を踏まえ，学習活動に沿って，評価場面や評価方法等を計画する。

　その後，授業を行い児童生徒の学習改善や教師の指導改善につなげる。

5．学習評価の方法

　総合的な学習は，教科の授業とは教育内容・方法が異なり，教育評価もペーパーテストなどによる数値的な評価は適当でないとされている。そのため，多様な評価等を具体的に取り入れ，「信頼される評価」が必要である。

(1) 　信頼される評価の方法であること

　　どの教師も同じように判断できる評価規準の設定を行う。

(2) 　多様的な評価の方法であること

　　信頼される評価にするためには，多様な評価方法や教師による評価を，組み合わせることが重要である。

　○　具体的な評価の方法

　　・　発表や話合いの様子，学習や活動の状況などの観察による評価

　　・　レポート，ワークシート，ノート，作文，絵などによる評価

　　・　達成の度合い（レベル）を示す尺度（評価）と，評価する観点（項目）を適宜設定し，その両軸の基準に求められるパフォーマンスの特徴を示したマトリクス表により，児童生徒と評価者の共通理解を得られるルーブリック評価（p165 参照）

　　・　学習活動の過程や成果などの記録や作品を計画的に集積したポートフォリオ評価

　　・　一定の課題の中で身に付けた力を用いて活動することによるパフォーマンス評価

　　・　評価カードや学習記録などによる児童生徒の自己評価や相互評価

　　・　教師や地域の人々等による他者評価

(3) 　学習状況の過程を評価する方法であること

　　学習活動の結果だけで評価するのではなく，過程も評価するため，事前や途中に児童生徒の学習状況の把握と改善を適切に位置付けて実施しなければならない。

第2節　教育課程の評価

「社会に開かれた教育課程」の実現を一層目指し，以下の三つの側面が学習指導要領に示された。

1．児童生徒，学校，地域の実態を適切に把握し，教育の目的や目標の実現に必要な教育の内容を，教科等横断的な視点で組み立てていく。

（例）年度末に見直す教育指導や運営に関する次年度計画では，予め論議された各教科・領域部会における報告を基に協議することで，身近で深まった教職員の意識が共有されていく。併せて，教育目標や年間行事予定・年間学習指導計画の評価と見直しも実施する。

2．教育課程の実施状況を評価し，その改善を図っていく。

（例）授業研究では，教員の指導力向上が大きなねらいであるが，学校教育目標を達成する授業，即ち「方法のベクトル」となっているかの観点から，検証し討議していく。

3．教育課程の実施に必要な人的，または物的な体制を確保し，その改善を図っていく。

（例）教育委員会だけでなく，学校評議員やPTAに学校のグランドデザインを説明し，理解と協力を求めていき，地域と連携した取組を確立して推進していく。

　つまり，教育課程の評価は校長を中心に校内で話合いを進め，学校全体で取り組んでいくことである。学習課題や活動などの重複を検証して整理し，育成を目指す資質・能力を踏まえて作成した年間計画は，「目標・方法のベクトル」を揃えることにつながる。同時に，以上のことは，学校の組織や経営の見直しを図っていくことにもつながるので，大いに意識していきたい。

【参考文献】

○文部科学省『小学校学習指導要領（平成29年告示）解説　総合的な学習の時間編』東洋館出版社　平成30年
○文部科学省『中学校学習指導要領（平成29年告示）解説　総合的な学習の時間

編』東山書房　平成30年
○文部科学省『高等学校学習指導要領（平成30年告示）解説　総合的な探究の時間編』学校図書　平成31年
○文部科学省国立教育政策研究所『「指導と評価の一体化」のための学習評価に関する参考資料』教育課程研究センター　令和2年

コラム-6　総合的な学習・探究の時間に有効な「ポートフォリオ評価」

ポートフォリオ（Portfolio）は，書類を入れて持ち運ぶ携帯用ケースを表した言葉である。その書類には，自分の技術や技能，過去に経験した仕事の内容などが記載されており，それを見ればその人の経歴や業績等が一目で分かるようになっている。

1980年代，アメリカでは，ポートフォリオの利点を標準テストに代わる新しい評価法として，その活用が広まった。その後，わが国の学校においても導入されるようになった。

ポートフォリオを教育活動で用いる場合について，寺西和子（愛知大学教授）は，次の二つの働きが考えられると説明している。

1. 評価や情報や賞賛のために使われる子供の作品や仕事の例を収集したもの
2. 子供の作品に焦点付けた学びや，振り返り（自己評価）についての記録

ポートフォリオを用いた評価では，児童生徒が作成した作文，レポート，作品や，テスト結果，写真等をファイルに入れて保存し，評価に生かし，児童生徒を多面的に把握した評価となる。したがって，一人一人に基づいた「パフォーマンス（功績・成果）」をとらえた評価方法として注目され，今日では，各学校において広く採用されるようになっている。

ポートフォリオ評価は，児童生徒一人一人の学びの軌跡を捉え，児童生徒を全体として育てていく「総合的な学習・探究の時間」の評価においては特に有効である。さらには，保護者に対しても，教師がポートフォリオに蓄積している学習の成果物を示して説明すると，保護者の理解にも役立つ評価になる。

（中園大三郎）

第9章　「総合的な学習・探究の時間」を充実する体制づくり

本章では，この時間を充実させるための体制づくりについて各学習指導要領の解説[1]の内容を要約して記し，後述の教育実践とも関連付けて述べる。

第1節　体制整備の基本的な考え方

各学校は，この時間の指導計画を適切に作成しなければならない。そして，適切な計画を確実に実施していくための校内体制の整備が必要となる。質の高い豊かな学習活動を実施するために，各学校では，次の四点を視野に入れた校内体制づくりに配慮しなければならない。

1．教職員が一体となり協力できる体制の校内組織の整備

この時間は，児童生徒の様々な興味・関心や多様な学習活動に応えるために，グループ学習や異年齢集団による学習をはじめ多様な学習形態の工夫を積極的に図る必要がある。それぞれの教職員の特性や専門性を生かすことが，この時間の特色を生み出し，一層の充実につながる。そのため，校内の全職員が協力して取り組む体制を整備することが重要となる。

2．確実で柔軟な実施のための授業時数の確保と弾力的な運用

この時間の授業時数を確保するとともに，状況に応じた柔軟な対応が求められる。授業時数を適切に運用することが，この時間の充実には欠かせない。

3. 多様な学習活動に対応する空間，時間，人などの学習環境の整備

　この時間の特徴は，体験活動を行うことである。したがって必然的に様々な場所で，多様な学習活動を行うことになるので，この時間を充実したものにするために，空間，時間，人など学習環境を整えることが重要となる。

4. 学校が家庭や地域と連携・協働して取り組む外部連携の構築

　新学習指導要領では，教職員と校外の人々が力を発揮し合い，「チームとしての学校」の取組が期待されている。地域の特色を生かしたり，一人一人の児童生徒の興味・関心に応じたりして学習活動を展開するには，学校が保護者をはじめ地域の人々，専門家の教育力を活用することが欠かせない。

　地域や社会に存在する多様で幅広い教育力を活用することがこの時間の充実を実現する。

　なお，この時間の充実のために，特に中学校や高等学校においては，この時間が入試教科に対応した授業補填の時間とすることがないようにしなければ，従来の学歴偏重にもつながり，学習観や教育観のパラダイム転換を阻害し，このたびの教育改革そのものを後退させてしまうことになりかねない。

　この時間の教育実践を充実させる校内体制の構築に当たり，改めて「教育の目的」や「義務教育の目的」に鑑み，また地域社会の実態や自校の学校教育目標を踏まえて，広い視野からこの時間の「第1の目標」を捉え直すことが必要である。

1. 校長のリーダーシップ

　校長は，資質・能力の育成に向けて，児童生徒が実社会・実生活と接点をもちつつ，多様な人々とつながりながら学ぶことのできる教育課程の編成と実施を行わなければならない。この時間は，児童生徒が実社会・実生活に向き合い関わり合うことを通じて，自らの人生を切り拓いていくために必要な資質・能力を育成し，人生や社会をよりよく変えていくことに向かい他の教科等にはない特質を有する。

　各校のこの時間の目標及び内容，学習活動等については，校長が中心となって決定する。教育的意義や教育課程における位置付けをしっかり踏まえながら，自校のビジョンを全教職員に説明するとともに，その実践意欲を高め，実施に向けて校内組織を整えていかねばならない。そして，全教職員が互いに連携を密にして，この時間の全体計画及び年間指導計画等を作成し，実施していく必要がある。さらに，全教職員が互いに知恵を出し合ったり，実践上の悩みや課題について気軽に相談し合ったりできる体制づくりや雰囲気づくりも大切である。加えて，この時間では，探究的な学習の広がり・探究の広がりや深まりを促すために，校外の様々な人や施設，団体等からの支援が欠かせないし，各家庭の理解と協力も当然必要となる。

2. 校内推進体制の整備

　各学校の教育目標の実現に当たっては，この時間が重要な役割を果たすことを全教職員で理解することは欠かせない。その上で，校長の方針に基づき，この時間の目標が達成できるように，全教職員で協力して全体計画及び各学年の年間指導計画，単元計画などを作成し，互いの専門性や特性を発揮し合って実践していく校内推進体制を整える必要がある。校内推進体制の整備に当たっては，全教職員が目標を共有しながら校務分掌に基づいて適切に役割を分担するとともに，教職員間及び校外

の支援者とのコミュニケーションを密にすることが肝要である。

　なお，この項に関連して，特に留意しなければならないことの一つとして，中・高等学校において，教科偏重や，学級間・学年間の交流が低調な学校にあっては，学習指導要領の趣旨を踏まえた指導体制に改め，見直していくことが求められている。

　以下，学習指導要領の解説に基づき，校内推進体制の整備について，その要旨を記述する。

(1)　児童生徒に対する指導体制

　　この時間の授業は，小学校では学級担任が中心的な指導者となって進める例が多く，中学校では学年ごとに作成された年間計画に基づき，学年単位で同時に展開される例が多い。学級担任一人だけでは対応できない状況もありティーム・ティーチングで指導する体制を整えたり，学級の枠を外して指導を分担したりする工夫も必要となる。

　　高等学校では，学年や学科で作成された年間指導計画に基づき，学年単位・学科単位で展開される例が多い。ホームルーム担任が直接指導したり，学年内や学科内の教員が指導を分担したりし，ホームルームの枠を超えて，生徒一人一人の興味・関心に基づきグループ（学習集団）を組織する方法などが考えられる。また，学校によっては教員全体で指導し，学年や学科の枠も外して課題別の学習集団を構成する例もみられる。

　　なお，指導体制において最も重要なことは，教職員の協働性を高めることにある。

(2)　実践を支える運営体制

①　この時間の実践を支える校内分担例

　　この時間の円滑な運営のために，既存の校務分掌組織を生かす観点から，小・中・高等学校において次のような役割分担が考えられる。

「総合的な学習・探究の時間」の実践を支える校内分担（例）

○　副校長・教頭：運営体制の整備，外部と日常的な連携協力体制の構築
○　教務主任：各種計画の作成と評価，時間割の調整
○　研修担当：研修計画の立案，校内研究の実施
○　学年主任：学年内の連携・調整，研修，相談
○　「総合学習」推進担当者（コーディネーター）：この時間の充実に向けた方策の企画・運営，研修計画の立案，教師への指導・支援
○　図書館担当：必要な図書の整備，児童生徒及び教員の図書館活用支援
○　地域担当：校外の支援者・支援団体との渉外
○　ICT担当：情報機器等の整備及び配当（小・中学校）
○　情報担当：情報機器等の整備及び配当（高等学校）
○　安全担当：学習活動時の安全確保
○　養護教諭：学習活動時の健康管理
○　栄養教諭：食育に関わること
○　事務担当：予算の管理及び執行　など

このほか高等学校に限って以下に例示する。

○　進路指導主事：職業選択や進路選択
○　農場長：農業に関する実習や実習地，実習設備
○　PTAや同窓会担当：保護者や同窓会への協力依頼及び連絡調整
○　実習助手：実験または実習

② 校内推進委員会

　　この時間の全体計画等の作成や評価，各分担及び学年間の連携・調整，実践上の課題解決や改善等を図るため，関係教職員で組織する。全ての教職員が協力して力を発揮するために，校長のビジョンとリーダーシップの下，各教科等をつなぎカリキュラムをデザインし，マネジメントのできるミドルリーダー的な教員がコーディネーター役を果たすことが望まれる。

③　学年部会・授業担当者による会議

　　この時間では，学級や学年ごとに年間指導計画や単元計画等を作成し，実施する小学校や中学校が多い。異学年合同で学習活動を行う場合もある。学級担任，学年の担当者を窓口に教師間の連携が図られることが多い。このことから，学年部会（学年会）は，この時間を運営する上で重要な役割をもっている。

　　小規模校では，小学校の場合は中学年部会と高学年部会，また合同部会を構成したり，中学校では学年合同部会を構成したりして実践交流や情報交換を行うなどの工夫によって，協働性や協力体制を向上させることも考えられる。

　　一方，高等学校の教職員打合せでは，ホームルーム間，学科間の連絡・調整のみならず，指導計画の改善や実践にともなって次々と生まれる諸課題の解決や効果的な指導方法等について学び合うなど，研修の場としても大切な役割が期待される。

　　また，他教科とこの時間で身に付けた資質・能力を相互に関連付け，学習や生活において生かし，それが総合的に働くようにできているか検証する場としても期待できる。さらに，相互に専門的見地から児童生徒が取り組んでいる学習について解説を加えることで，児童生徒の学習状況をともに理解することにつながり，より高度な学習活動を実現することも可能となる。

3．教職員の研修

　　学習指導要領の解説や資料を参考に校内研修計画を立てることは大切であるが，この時間を充実させて目標を達成する鍵を握るのは，指導する教師の指導計画の作成と運用の能力，授業での指導力や評価力などである。

　　さらに，地域や学校，児童生徒の実態に応じて特色ある学習活動を生み出していく構想力も必要となる。また，この時間は，教師がチームを組んで指導に当たることによって，児童生徒の多様な学習活動に対応で

きることから，教職員全体の指導力向上を図る必要もある。

　校内での研修例としては，グループ研修（指導計画作成や教材作りの演習，テーマに基づくワークショップなど）や全体研修（視察報告会，講師を招いての研修会など）が挙げられる。また，校外での研究例は，実地体験研修（生徒の体験活動の実地研修とその評価など）や教材収集研修（地域における教育資源となるものの観察や調査など）があることを同解説は示す。この他，各校の実情に応じた研修を行い，情報の共有を図る。

第3節　年間授業時数の確保と弾力的な授業時数の運用

1. 年間授業時数の確保

　学習指導要領総則で示されたこの時間の年間授業時数を確保していくために，授業時数の1単位時間（小学校45分，中学校50分）として，年間70単位時間を確保することとされている。

　また，高等学校では，卒業までに3〜6単位に見合う標準授業時数105〜210単位時間（単位時間を50分として計算）の確保に留意しなければならない。

2. 弾力的な単位時間・授業時数の運用

　この時間では，体験活動が重視され，地域の特色なども生かして学習活動が多様に展開される。そのため，1単位時間を45分で実施する場合もあれば60分などに設定する場合もある。

　小学校では45分にこだわらず60分，90分で，中学校では50分にこだわらず70分で，高等学校も75分や100分で効果的に弾力的で柔軟な運用が，授業時間の弾力化として求められる。また，年間授業時数の配当は35週にわたり平均的に配当するほか，児童生徒の実態を考慮して週当たりの授業時数の配当を工夫できる。

3．授業時数に関する留意点

　年間指導計画及び単元計画に授業時数をどの活動に何時間の授業が必要なのか算出して適正に配当する。その上で，地域や学校の行事，季節と教材との関係等を考慮して時数の配当を工夫する。

　時間割により単元計画を各週の計画に位置付ける。時期に応じて，学習活動に応じて柔軟に対応し，適切な時数の運用になっているか管理する。

　授業時数の管理は，実施しながら日常的に適切かどうか見直しながら，学期末など節目では実施時数を積算し，学習の進展の状況と照らし合わせることが必要である。

第4節　環境整備

1．学習空間の確保

　この時間では，探究的な学習の過程や探究の過程で，学級（小・中学校）やホームルーム（高等学校）内，学年・学科内，異学年間で学習活動が展開され，ものづくりや発表会の準備，多様な学習活動が行われる。

　したがって，学校内に活動を行うスペースが確保されていると，スムーズに学習活動が展開でき，また，必要とされる道具や材料などを常備することができる。単なる空間の確保にとどまらず，児童生徒の学びが主体的・対話的で深い学びにつながるように工夫し，改善を図っていくようにしなければならない。

2．教室内の学習環境の整備

　教室内には，この時間の学習活動の経過や写真などを掲示や学習履歴や成果の展示が考えられる。また，学習履歴をポートフォリオとして蓄積したファイルや関係する書籍や資料を活用しやすいように配置することも大切である。

3．学校図書館の整備

　学校図書館は，児童生徒の読書・学習・情報センター等の機能を担う中核的な施設である。この時間の年間指導計画書も図書館での活用を位置付ける場合は，図書館担当者と十分な打ち合わせを行う必要がある。また，この時間で児童生徒が作成した発表資料や作文集など優れた実践を蓄積して閲覧できるようにすることも有効である。

4．情報環境の整備

　タブレット型端末を含む情報機器は，この時間の情報検索や活用，発信に可能性を広げ，学習意欲や学習効果の向上に役立つ。そのために安心・安全に情報を身に付ける必要があり，情報モラルを基盤とした情報活用能力を習得することが望まれている。

　これにともない，児童生徒の調査活動の記録のため，デジタルカメラやデジタルビデオカメラ，タブレット型端末やICレコーダーなどの整備が必要となる。また，教員のICT活用指導力を高めておくことが大切である。

　特に小学校においては，プログラミング教育の実施に当たり，ICT環境の整備はもちろん，プログラミングを体験することが探究的な学習の過程に適切に位置付くようにしなければならない。

第5節　外部との連携の構築

1．外部との連携の必要性

　この時間は，地域の素材や学習環境を積極的に活用し，実社会や実生活の事象や現代社会の課題を取り上げ，多様で幅広い学習活動を行うことが期待されている。そのために，教員以外の専門スタッフも参画した「チームとしての学校」の実現を通じて，複雑化・多様化した課題の解決に取り組んだり，時間的・精神的な余裕を確保したりすることが重要であるとして，学習指導要領解説では外部人材を次の通り例示している。

```
○　保護者や地域の人々
○　専門家をはじめとした外部の人々
○　地域学校協働活動推進員等のコーディネーター
○　社会教育施設や社会教育関係団体等の関係者
○　社会教育主事をはじめとした教育委員会，首長部局等の行政関係者
○　企業や特定非営利活動法人等の関係者
○　他の学校や幼稚園等の関係者　等
```

　特に，地域連携として，よりよい社会を作るという目的の下，コミュニティ・スクールの枠組みの活用，地域学校協働本部との連携を図るといった地域社会とともにある学校の実現が期待されている。

　学校と地域の互恵性が生まれ，息長く継続的な外部連携を実現して「次世代の学校・地域」を創生していくことにつながるような取組を次に示す。

```
○　町づくりや地域活性化につながった活動や取組
○　児童生徒が地域の伝統や文化を守り，受け継いだ活動や取組
○　地域の商店街の再生につながった活動や取組
○　災害に備えた安全な町づくりや防災に関わった活動や取組　等
```

２．外部連携のための留意点

　学校の外部との連携に当たって，校長や教頭，この時間のコーディネーター等の担当者が中心となり，協力的なシステム構築のため，日常的な関わり，担当者や組織の設置が必要となる。また，教育資源リストを作成して適切な打合せを実施し，学習成果は学習発表会の開催や学校だより等で発信することも大切である。

引用文献

1) 文部科学省『小学校学習指導要領（平成29年告示）解説 総合的な学習の時間編』東洋館出版社　平成30年　pp.129-146

文部科学省『中学校学習指導要領（平成29年告示）解説 総合的な学習の時間編』東山書房　平成30年　pp.125-142

文部科学省『高等学校学習指導要領（平成30年告示）解説 総合的な探究の時間編』学校図書　平成31年　pp.139-153

高校生「情報の収集」

第10章　実践事例（小・中・高等学校）

　本章では，学習指導要領改訂において「目標を実現するにふさわしい探究課題」及び「探究課題の解決を通して育成を目指す具体的な資質・能力」を各学校が定めることを踏まえ，執筆者が関わった実践事例を紹介する。

　なお，実践事例に挙げている学習指導案の書式・内容・項目等は，学習指導要領改訂の趣旨や「総合的な学習・探究の時間」の特質，小・中・高等学校の特色，各学校の方針，授業者の意図等を踏まえて執筆している。また，実践事例の「指導計画」，「単元の展開」内の「探究過程」に取り上げている内容については，「探究的な学習における児童生徒の学習の姿」を培う「課題の設定」，「情報の収集」，「整理・分析」，「まとめ・表現」を基本とし，その上，各教科等の特質である内容（例：調査実習等）を含めて構成している。さらに，実践事例の項目にある「育てたい資質・能力」（ア）（イ）（ウ）を評価観点として取り上げる場合は，（ウ）「学びに向かう力，人間性等」の観点のみ「主体的に学習に取り組む態度」の表記にしていることは前述に説明している通り，(ウ)の資質・能力には，情意や感性などが含まれ，これらは観点別評価になじまないからである。

第1節　現代的な諸課題に対応する横断的・総合的な課題に関わる実践事例

　現代的な諸課題には，多様な知識や価値観等が含まれている。その課題に児童生徒が横断的・総合的に取り組むことで，変化の激しい複雑な現代社会を生き抜く力を身に付けることのできる実践事例を以下に紹介する。

1 〇市立Ａ小学校（6年生）の実践事例

1. 単元名　ビブリオバトル大会（書評合戦）を通して読書力を付ける

2. 単元目標

○　本の魅力を紹介し合い，その後，読みたくなった本を決定するビブリオバトル（書評合戦）を通して，読書の楽しさを味わえるようにする。

○　友を通して本を知り，本を通して友を知る学習活動から，いろいろな本に出合うこと，他者についても知ることの大切さを学ぶ。

3. 地域・学校・児童の実態

本校は準工業地域にあり，両親共に働いている家庭が多い。本校の課題の一つとして，読書経験の乏しさが挙げられる。家庭での読書習慣が定着していない児童が比較的多くいる等の課題がある。そのため，読書指導の重点化を図り，児童の知的好奇心の向上を全校挙げて取り組んできた。

4. 題材について

本題材に取り上げた書評合戦は，国語との横断的・総合的な学習を通して読書の楽しさを味わえることができるとともに，本を通して他者を理解することのできる学習活動である。

ここでは，まず国語の学習として，基本的事項である書評の書き方や発表の仕方，グループ毎に代表選出を兼ねた発表等について指導する。その後，総合的な学習の時間において，児童たちは課題を設定に基づいてビブリオバトル大会（書評合戦）を行い，読書の楽しさを味わえることができるようにする。

指導に当たっては，本に関わる情報の収集・整理・発信に取り組み，また，話合いや全体発表等を通して，プレゼンテーション力や能動的に読書する態度を培い，本指導で目指す資質・能力の育成に努めたい。

5. 育てたい資質・能力及び態度

観点	ア　知識及び技能, 読書力	イ　思考力, 判断力, 表現力等	ウ　学びに向かう力, 人間性等
評価規準	○自ら問題を見付け, 解決の見通しをもてる。 ○様々な書評を聞き, 自分の課題を見付け, 解決策を考えていくことができる。	○他の考えや視点に触れ, 新しい学びの機会が得られる。 ○互いに情報を交流し, 問題点を見付け, 考えを練り上げられる。	○さらに広く深い考えや, 発表の仕方を学び, 自分の考えを高めていくことができる。 ○他の意見を参考に, 自分の学びを見直すことができる。

6. 単元の展開及び評価

次	探究過程	学習活動	時数	ア	イ	ウ	評価規準	評価方法
1	課題の設定 ⇩	○ビブリオバトル中学生大会での発表動画から学ぶ。	1	○	○		・話し方や校正の工夫, 本を熟読する必要性等を理解できる。 ・公式ルールを理解して遵守できる。 ・自分の学習課題を設定することができる。	・行動観察(発言, 行動等)
2	情報の収集 ⇩	○紹介する本を選び, 内容を読み込む。	1	○	○	○	・読書に親しみ, 本を読むことができる。 ・本の魅力を考えることができる。	・行動観察(読書意欲, 行動等)
		○興味を引く発表の仕方を確認する。	1	○	○	○	・表現の工夫の仕方について理解している。	・発表内容の工夫(ワークシート)
		○紹介する本や作者について調べる。	1	○	○	○	・紹介すべき情報を集める。	・収集情報の内容(ワークシート)

			時	ア	イ	ウ	評価規準	評価方法
3	整理・分析 ⇩	○集めた情報を整理しプレゼンテーションの内容を考える。	1	○	○	○	・必要な情報を整理している。 ・意欲的にプレゼンテーションの内容を考えられる。	・整理した情報の内容（ワークシート）
4	（発表）	○発表の練習をする。	2		○	○	・聞き手の興味を引く表現方法を考えられる。	・行動観察（表現や聞く態度）
	（本時）	○ビブリオバトル大会（予選, 決勝戦）を行う。	2	○	○	○	・発表される書評をしっかり聞き, 自分なりに評価できる。	・行動観察（表現や聞く態度） ・相互評価（ワークシート）
	⇩	・グループ内で5分間発表する。 ・質問タイムを2分間。 ・グループ代表の決勝戦を行う。					・評価の根拠となる考えをさらに確かなものにしていける。	・自己評価（ワークシート）
		・『チャンプ本』を投票で決める。					・自分の考えを明確に決めることができる。	・行動観察（チャンプ本の決定過程）
5	まとめ・表現	・まとめを行う。	2	○	○	○	・学習をまとめ, グループ内で発表できる。	・まとめ内容（ワークシート）
6	（振り返り）	○学習を振り返る	1	○	○	○	・振り返りを学習や生活に生かすようにする。	・振り返り（ワークシート）

※上表内　ア「知識及び技能, 読書力」　イ「思考力, 判断力, 表現力等」　ウ「主体的に学習に取り組む態度」

7．本時の学習活動（8/12）

（1）目標

○ 「面白い」と思う本の魅力を5分間で紹介し合い，その後，読みたくなった本を決定するビブリオバトル（書評合戦）を通して，読書の楽しさを味わえるようにする。

（2）展開

段階	主な学習活動	指導上の留意点	○評価観点（評価方法）・準備物△他教科等
導入	1 本時の活動と流れを確認する。 ビブリオバトル決勝戦 ～めざせ，チャンプ本！～	・必要事項の確認と，興味をもって活動するように促す。	○ア，ウ（ワークシート） ・ワークシート △国語
展開	2 各グループの代表者が5分間の発表を行う。質問タイムは2分間とする。 ※ 6人の代表者の発表を順に聞きながら，チャンプ本を決めていく。	・自分の考えや思いを伝えることができるように助言する。 ・発表者の想いや工夫をしっかり聞き取るように助言する。	○ア，イ，ウ（ワークシート，行動観察） ・ワークシート △国語
終末	3 一番読みたくなった本を選び，投票する。 4 本時の学習を振り返り，次時への見通しをもつ。	・自分の感想や考えをしっかり決めて，投票するよう支援する。 ・どんな工夫や努力が素晴らしかったか振り返らせる。	○ア，イ，ウ（ワークシート，行動観察） ・ワークシート △国語

※上表内　ア「知識及び技能，読書力」　イ「思考力，判断力，表現力等」　ウ「主体的に学習に取り組む態度」

8．本時の評価

	ア．知識及び技能，読書力	イ．思考力，判断力，表現力等	ウ．主体的に学習に取り組む態度
「十分満足できる」と判断される児童の学習状況	○6年生の発達の段階として，「ビブリオバトル」のきまりを理解し遵守できる。	○自分の書評を他にしっかりと伝えることができる。また，他の書評のよさが分かり，自分に生かすことができる。	○書評を作成する際，自分の「生き方」も重ねて，内容を工夫していくことができる。

9．成果と課題

　ビブリオバトルの基礎的な書評の書き方等は国語で学び，その学習成果を総合的な学習の時間で発表し，横断的・総合的な学習活動へ発展することができた。また，バトル形式の学習方法やインパクトのある発表は，児童たちによりよい書評作成への意欲を高めることができた。このような知的に優れた事柄に価値を見いだす活動が，読書の広まりや深まりを促し，情報の有効活用に結びついていったと考えらえる。

　今後は，さらに児童たちが互いに切磋琢磨し合い，「自主的で楽しい学びの場」として，活動の充実化を図り，目指す資質・能力の向上に努めなければならない。

　なお，評価において努力を要すると判断した児童には，以下の手立てで支援した。

- ・　書評がうまく作成できない，発表が難しい場合は具体例を提示して，等身大の発表でよいことを助言した。
- ・　奇抜な意見や発表に心を動かされて個人の好みで評価が行われる場合，多面的な視点を提示し，より的確に評価できるよう支援した。
- ・　書評を工夫しにくい場合は，例示等の具体的な助言を行ったり，他の書評のよいところ等も参考にしたりするように支援した。

小学生「教師によるルール説明」　　　　　小学生「児童達の学習活動」

② K市立B中学校（1年生）の実践事例

1．単元名　インターネットの利用法を考える

2．単元目標

○　技術・家庭の学習や情報で学んだパソコンの使用法から具体的な利
用法へと発展できるようにする。

○　「実際にインターネットの利用法を試してみる」という活動を通し
て，知識を体験に変え，今後の生活に役立てられるようにする。

3．地域・学校・児童の実態

本校は，緑豊かな落ち着いた雰囲気の地域にあり，元気のよい明るい
生徒が多い。地域とのつながりも多く，協力的である。しかしながら，生
徒には自己本位な面もあり，スマートフォンでの人間関係のトラブルも
見られる。また，自ら課題を見いだし，問題解決に向けて主体的に取り
組む態度には課題がある。

4．題材について

生徒たちのインターネットの利用に関わる現状を見ると，インター
ネットの危険性はいろいろな情報で知っているが，インターネットを生
活や学習等で有効に活用する方法やマナー等について，十分な知識や技
能等の習得には至っていない。そこで，情報の発展的な活動である本題
材の設定を通して，インターネットを探究過程における情報収集のツー

ルとしての積極的な利用や，情報の発信のツールとして活用すること等
により，多様化する情報化社会の中で，パソコンやインターネットを用
いた情報活用能力を高め，総合的な学習の時間における探究課題の解決
を通して目指す資質・能力の育成を図りたい。

5．育てたい資質・能力

観点	ア．知識及び技能，情報活用能力	イ．思考力，判断力，表現力等	ウ．学びに向かう力，人間性等
評価規準	○情報化社会の中でインターネットをどのように活用するかといった知識や技能を身に付けることができる。 ○他の教科等で習得した知識や技能を実際の場面で活用することができる。	○インターネットの使い方について，正しく理解し，考えることができる。 ○集めた情報を分析してお互いに意見を交流することができる。	○課題に主体的に取り組むことができる。 ○情報化社会についての理解を深め，インターネットを有効活用しようとする意欲や態度を身に付けることができる。 ○インターネット等の情報技術を生活の中で生かすことができる。

6．指導計画

（1）　本単元までの経過

　　本単元では，インターネット上に学校の魅力を発信することを目指
している。インターネットを有効に活用する方法を考えるために以下
のような実践を行った。

①　パソコンに関する授業（技術）

　　小学校で学んだインターネットの危険性について再度復習する。
実際にパソコンの危険なサイトにアクセスした事例を見せたり，個
人情報の流出から生じるリスク等について，実際の事例をもとに指
導を行う。その際，小学校で学んだことを踏まえて，さらに発展さ
せ，出会い系目的の危険性等についても事例をもとに考えることが
できるようにする。

　　中学生はスマートフォンを利用して，ソーシャルネットワーキン

グゲームや，ソーシャルネットワーキングサービスを通して，不特定多数の人々と関係をもっていることが考えられる。そのため，そこで生じる危険性については適切に理解し，対策を考えておくことが求められる。そして，インターネットの危険性を十分に理解した上で，インターネットを適切に使用する方法について考えることができるようにする。

② 情報の収集・整理（社会科）

　　情報の収集や整理は，適切な問題解決のために重要である。地図やグラフから情報を読み取る，インターネット上の記事から適切なものを判断する等，正しい情報を収集する力を身に付けられるようにする。

(2) 指導計画（全9時間）

次	探究過程	主な学習活動	時数	指導上の留意点	○評価観点（評価方法）△他教科等
1	課題の設定 ⇩	○インターネットの利用法を思い出そう。	1	・学習を基盤に，インターネットの適切な使用法を考えることを助言する。	○ア，イ，ウ（ワークシート）△技術
2	情報の収集 ⇩	○インターネットを使ってできることを考えよう。	1	・インターネットへの興味関心を広げることができるようにする。	○ア，イ，ウ（ワークシート，行動観察）△技術，社会
		○グルーピングを行う。	1		
3	整理・分析 ⇩	○インターネットで得た情報を整理する。	1	・インターネットで学校の良さのアピールを促す。	○ア，イ，ウ（ワークシート，行動観察）△技術
		○インターネットで配信する内容を考える。	1	・実効性のある計画を立てることを助言する。 ・情報を，分かりやすくまとめることを促す。	

| 4 | まとめ
・表現

⬇ | ○実際のソフトを用いてサイトを作成する。(本時)
○それぞれのサイトを用いてプレゼンテーションを行う。 | 3 | ・インターネットのあり方を実感し，今後の学習や生活に生かすことができるように助言する。 | ○ア，イ，ウ(ワークシート，行動観察)
△技術，国語 |
| 5 | (振り返り) | ○学習活動を振り返る。 | 1 | ・学習活動を振り返り，成果と課題，また，身に付けた力を確認させる。 | ○イ，ウ(ワークシート) |

※上表内　ア「知識及び技能, 情報活用能力」　イ「思考力, 判断力, 表現力等」　ウ「主体的に学習に取り組む態度」

7．本時の学習活動

（1）目標

　　これまでに行ってきた情報の整理分析を通して，インターネット上に自分が発信したい情報のサイトを作成し，公開できる知識や技能等を身に付ける。

（2）展開

段階	主な学習活動	指導上の留意点	○評価観点（評価方法） ・準備物，△他教科
導 入	1.　本時の学習課題を確認し，ウェブサイトの下書きを行う。 2.　計画表に基づき，準備する。	・適切に下書きを描くように指導する。 ・漏れがないよう支援する。	○ア，ウ(ワークシート) ・ワークシート △技術・家庭 ○ア，イ，ウ(ソフトウェブサイトのテンプレート)

展開	3. グループ毎にウェブサイト作成のソフトを利用して作成する。 4. 出来上がったサイトを確認し，プレゼンテーションの準備を行う。 5. 協力して片付ける。	・ウェブサイトのテンプレートは種類が多いため，自分たちが伝えたい内容に応じて選択することを助言する。 ・情報について，意見を共有できるように支援する。 ・協力して活動できるように促す。	△技術・家庭
まとめ	6. グループ内で完成したサイトについての意見を交換する。	・プレゼンテーションに向けて，他者の意見に耳を傾けることを助言する。	○イ，ウ（ワークシート） ・ワークシート △国語

※上表内　ア「知識及び技能，情報活用能力」　イ「思考力，判断力，表現力等」　ウ「主体的に学習に取り組む態度」

8．本時の評価

	ア．知識及び技能，情報活用能力	イ．思考力，判断力，表現力等	ウ．主体的に学習に取り組む態度
「十分満足できる」と判断される生徒の学習状況	○インターネットでウェブサイトを作成し，情報を発信する方法を理解できる。	○どのような情報を掲載することで興味関心を引くことができるかを考えることができる。	○学んだ内容を今後の生活でどのように生かすかを考えることができる。

9．成果と課題

　実際にインターネットで情報を収集し，ホームページ等のツールを用いて生徒たちが情報を発信することは，学校の魅力を再発見し，それを誰かに伝えること等を通して，生徒たちの多くは情報の収集，整理，伝達をより一層スムーズに行うことができるようになった。

　しかしながら，生徒の中には個人のブログ，SNS，ウィキペディア等に書かれている情報を目にすることが多く，その情報の根拠となるデー

タ，参考文献，他の資料を探し，裏付けをとることを継続的に指導しなければならないという課題もあった。

なお，評価において努力を要すると判断した生徒には，主に学級担任を通して継続指導を行い，総合的な学習の時間において目指す資質・能力の向上に努めることにしている。

③ ○府立Ｃ高等学校（２年生）の実践事例

1. 単元名　SDGsの達成につながるマイ・アクションプランの作成
2. 単元目標

　全世界的な課題であるSDGs（Sustainable Development Goals：持続可能な開発目標）について理解を深める。「持続可能な社会の実現」という大きな目標を達成するためには，そこに生きる全ての人が課題を自分のこととして考え，より良い解決に向けて行動することが必要である。そのためにも，単に調べるだけでなく，地球市民の一人として自らができることについて実現可能な提案を行う。また，総合的な探究の時間ならびに教科・科目がコラボレーションして「SDGs Week」を実施することで，それぞれの授業の特性を生かして生徒の学習を深める。

3. 生徒観

　与えられた課題に対して意欲的に取り組もうとする態度が見られるが，そこから発展して興味・関心を広げようとする姿はあまり見られない。このことより，教科で学習した内容が生徒自身の生活や社会と結びついていないと考えられる。また，社会全体の課題に対して知識として理解はできるものの，自分の行動が解決につながるという見方は十分ではない。

4. 教材観

　総合的な探究の時間の目標として「横断的・総合的な学習を行う」[1]ことが示されていることを踏まえ，2015年9月の国連サミットで採択されたSDGsを教材として取り上げた。SDGsについては，総合的な探究

の時間の授業時間だけではなく，各教科・科目においても取り組むことにより「横断的・総合的な学習」の実現に迫る実践となると考える。また，探究の学習活動において，他者との関わり合いを意識し，自己の在り方生き方を考えながら探究課題を解決でき，この時間で目指している資質・能力の育成を図れる教材と考える。

5. 育成を目指す資質・能力

観点	ア．知識及び技能	イ．思考力，判断力，表現力等	ウ．学びに向かう力，人間性等
評価規準	○SDGsについてどのような内容が17の目標とされているか，なぜ設定されたかを理解する。 ○各教科・科目の学習内容とSDGsを関連付けて理解することができる。	○全世界的課題について，一市民としてどのようなことができるか思いを巡らせることができる。 ○調べた内容をポスターや1枚のシートにまとめることができる。	○全世界的課題について，自分にできることはないかという視点で，興味や関心をもって最後まで粘り強く課題に取り組むことができる。

6. 指導計画

(1) 指導計画の概要 （全14時間） ※ SDGs Week を除く

次	探究過程	主な学習活動 （時数）	指導上の留意点	○評価観点（評価方法）
1	課題の設定 ⇩	○イントロダクション ・予定の確認 ・課題の確認　　　　(1)	・活動の見通しを立て，すべきことの確認を助言する。	○ア，イ，ウ（ワークシートの内容）
2	情報の収集 ⇩	○SDGsに関する学習 ・基礎学習（どのような課題があるか，なぜ設定されたか）　　(2)	・探究活動を深めるために基礎的な知識を身に付けられるようにする。	○ア（ワークシートの内容）

〈SDGs Week を展開〉
各教科・科目の授業において可能な範囲でSDGsにまつわる話題を取り扱う。
　（例）・読解においてSDGsに関連するテーマの文献を取り扱う。(国語・英語)
　　　　・水やエネルギーについて取り扱う。(社会・理科)
　　　　・子どもの権利や福祉・エシカル消費について取り扱う。(家庭)　など

3	整理・分析	○SDGsについての調べ学習 ・SDGsの17の目標から1つをグループに割り当て，文献などを用いて調査を行う。	・文献調査では，複数の資料を用いるように助言する。	○ア，イ（行動観察）
	（発表）	・調査した内容をスライドにまとめ発表する。　　(4)		○ア，イ（発表の内容）
4	まとめ・表現	○アクションプランの作成 ・調査した目標を達成するために，今の自分にできることについて具体的に計画し，まとめる。　　(3)	・全世界的な課題を自分の日常生活に落とし込むことができるように促す。	○イ，ウ（アクションプランの内容）
5		○アクションプラン集を用いた相互評価 ・アクションプランをまとめ，冊子を作成する。 ・冊子を読み，良いと思った報告についてコメントシートに記入する。　　(1)	・すべての生徒のレポートを冊子に掲載して公表する状態をつくり，そのことから責任をもって取り組むことを促す。	○イ，ウ（コメントシートの内容）
	（発表）	○代表生徒による発表会 ・発表内容についてコメントシートに記入する。　　(2)	・同じ取組をした発表から，探究の過程における工夫やポイントを学ぶことができるように伝える。	
6	（振り返り）	○学習活動の振り返り ・これまでの活動を振り返りシートにまとめる。　　(1)	・成果や課題をこれからの探究活動に活かすようにさせる。	○イ，ウ（振り返りシートの内容）

※上表内　ア「知識及び技能」　イ「思考力，判断力，表現力等」　ウ「主体的に学習に取り組む態度」

(2)　指導計画における学習活動の工夫

［第1次］　イントロダクション

　　プロジェクト全体の見通しを立て，「SDGs の目標となる全世界的な問題について学習する」ことと，「自らができそうなことを模索する」の2つの柱があることを確認した。

［第2次］　SDGs に関する学習

　　SDGs に関する基礎的な知識の習得を目標として授業を行った。主な内容は「理念」「17 の目標の紹介」「設定された背景」などである。「SDGs Week」はこの時期に重なるように実施した。

［第3次］　SDGs についての調べ学習

　　グループをつくり，SDGs の目標を1つずつ割り当て，文献などを用いて調べ学習を行った。その際，文献は複数用いることをルールとして設定し，多様な視点を取り入れた。これは，レポートが単なる文献の要約だけになることを予防するとともに，多面的に物事を捉えることを身に付けるために設定したものである。調査内容を A4 のコピー用紙4～5枚に手書きで紙芝居のようにまとめ，実物投影機（書画カメラ）を用いてスクリーンに投影し，クラス内で発表を行った。

［第4次］　アクションプランの作成

　　ここまでの学習を通して，「私は何ができるのか」について自身の行動を提案するアクションプランの作成を行った。高校生が直接，全世界的な課題の解決に当たることは難しいかもしれないが，間接的であっても少しでも課題の解決に関わろうとする意欲を引き出すようにした。アクションプランは「達成したい目標・番号」「どのようなアクションを起こすか」について記入できるようにしたワークシート1枚にまとめることとした。提出されたアクションプランを冊子として印刷・製本した。冊子にすることによって，すべての生徒が責任をもってプロジェクトに取り組むという分かりやすい目標ができ，途中で投げ出してはいけないという緊張感を生み出す効果があった。

［第5次］　アクションプラン集を用いた相互評価，発表会

　　冊子のアクションプランを読み，良いと思ったものにコメントを記入する活動を行った。生徒からのコメントが多かったものや教員による評価で優秀なものを選出し，代表生徒によるアクションプランの発表会を行った。発表会の場において，聴衆の生徒には同じ課題に取り組んだ者として関心をもって聞くことや，選ばれた生徒の発表の中から探究の過程における工夫やポイントを学び取ることを意識するように指導してから発表会を進めるようにした。

［第6次］　学習活動の振り返り

　　学習活動を振り返り，ワークシートにまとめ，その後，グループ発表，全体発表を行い，学習活動の成果を明らかにした。明らかになった課題をこれからの探究活動に生かすことができるようにした。

7. 成果と課題

　　全世界的な課題という大きな題材を扱う上で，自身との結びつきが薄くなり，興味や関心を保つことができなくなる生徒が現れることの懸念があったため，生徒自身ができそうな具体的な行動をアクションプランとしてまとめる活動を取り入れ，生徒自身による探究活動が機能するような指導計画を作成することができた。また，学校全体の取組として，「SDGs Week」を設定し，教科・科目の教員にも協力していただき，様々な授業でSDGsについて取り扱うことによって，生徒の視野を広げ，意識を高めることができ，概ね単元目標の達成を図ることができた。このことは，学習指導要領にも示されたカリキュラム・マネジメントにもつながる望ましい事例となった。

　　今後の課題としては，アクションプランの作成において生徒一人一人の生活をより一層反映させた内容にするための課題設定や，「SDGs Week」においてそれぞれの教員が扱う内容を把握し，調整することで，できる限り多くの目標について網羅できるようにする仕組みを作ること等が考えられる。

　　なお，本学習活動の評価において努力を要すると判断した生徒には，

以下の手立てで指導した。

○ SDGs についての調べ学習において発表内容に深まりが見られない
グループに対して，推薦図書を紹介するなどの方法で文献調査の追加
を指示し，知識及び技能の育成に努めた。

○ アクションプランの作成において提案内容がうまく思いつかない生徒
に対して，他の生徒の取組を見せてもらうように促したり，過去の冊子
を提示したりするなどして思考力，判断力，表現力等の育成に努めた。

図 10-1　授業で用いた「SDGs（エスディージーズ）17 の目標」[2]

第2節　地域や学校の特色に応じた課題に関わる実践事例

本節では，児童生徒が地域や学校の特色に応じた課題について学習を進
め，地域における自己の生き方へとつなげながら，よりよい解決へ向けて
取り組んだ小・中・高等学校の実践事例を紹介する。

① O市立D小学校（5年生）の実践事例

1. 単元名　地域の特産である太鼓作りを通して地域の伝統・文化を学ぶ

2. 単元目標

○　地域の特産品である太鼓作りを通して，地域の伝統・文化を学び，理解を深めることにより，地域の一員としての自覚を高め，地域を大切にする気もちを育む。

3. 地域・学校・児童の実態

本校の地域は，古くから皮革産業が発展し，現在でも皮革品流通の盛んな地域である。本校では，皮革産業が盛んな地域の現状を踏まえて，人権教育の推進に努めている。児童は活発であり，興味・関心をもったことに対して熱心に取り組むことができる。

4. 題材について

児童は，1年生から6年生まで，生活科や図画工作科，総合的な学習の時間において，各学年の発達段階に合わせた皮の小物を作り，皮に親しんでいる。また，社会科においても，3年生は校区内の皮製品を扱っている店について調べ，4年生になると世界の皮製品について調べる学習を経験している。したがって，本単元ではこれまで学習してきたことを生かしながら，地域で太鼓作りの様子を見学し，一人1個，自分だけの自慢の太鼓作りの学習活動に取り組むことにより，地域の伝統・文化への理解を深め，地域を大切にする気もちや態度が身に付けられるようにしたい。

本題材は児童たちの興味・関心を高め探究的に学習課題に取り組め，自己の生き方との関わりも考えることもできるので本単元の題材として設定し，単元目標の具現化を図れるようにした。

5．育てたい資質・能力

観点	ア．知識及び技能	イ．思考力，判断力，表現力等	ウ．学びに向かう力，人間性，人権尊重等
評価規準	○自ら課題を見付け，解決の見通しをもつことができる。 ○地域の伝統・文化について理解することができる。	○学習課題に向けて主体的に取り組むことができる。 ○地域の産業の現状について主体的に学び，自分のできることについて考えることができる。	○地域の産業に携わっている人たちの思いを学び，理解を深めることができる。 ○他の意見を参考にして，自分の学びに生かすことができる。

6．指導計画（全15時間）

次	探究過程	主な学習活動	時数	指導上の留意点	○評価観点（評価方法），△他教科等
1	課題の選定	○地域の特産品である太鼓について考える。	1	・地域の特産品である太鼓について考えることを助言する。	○ア，イ，ウ（ワークシート） △社会，国語
	⇩	○学習課題を設定する。	1	・学習課題を設定できるようにする。	
2	情報の収集	○学習課題の情報を調べる。	2	・図書資料やインターネットを活用し，情報を調べることを説明する。	○ア，イ，ウ（ワークシート，行動観察） △社会，国語
3	⇩ （発表）	○情報収集したことをグループ内で発表する。	1	・各自の情報内容を，グループ内で発表できるようにする。	○ア，イ，ウ（ワークシート，行動観察） △国語，社会
	⇩	○太鼓店へ行き，太鼓作りで気付いたことを書く。	1	・特に，太鼓作りの工夫についてメモを取ることを促す。 ・太鼓作りの人々の苦労を理解できるようにする。	

4	整理・分析	○太鼓作りのポイントをグループ内で話し合う。	1	・メモ内容に基づき，グループ内で意見を出し合うように促す。	○ア，イ，ウ（行動観察，ワークシート）
		○太鼓作り職人さんの話を聞く。	1	・話を聞きとり，質問もできるようにする。	△国語，図画工作
	⇩	○自分で自慢のできる太鼓の設計図を描く。	1	・太鼓作りの主な材料を伝えておく。	
		○太鼓作りの準備物や注意することを発表する。	1	・用意する物や安全な作業に付いて助言する。	
5	（製作活動）⇩	○太鼓を作る。（本時）	3	・これまでの学びを生かし，自慢の太鼓作りができるように助言する。	○ア（行動観察）△図画工作
6	まとめ・表現 ⇩	○出来上がった太鼓作りの工夫を発表する。	1	・太鼓作りで工夫したことをグループ内で発表することを促す。 ・協働学習のよさに気付くことができるようにする。	○ア，イ，ウ（行動観察，ワークシート）△図画工作，国語
7	（振り返り）	○学習活動を振り返る。	1	・学習活動を振り返り，成果と課題を理解し，次の学習に生かすことができるように助言する。	○イ（ワークシート）△社会，国語

※上表内　ア「知識及び技能」　イ「思考力，判断力，表現力等」　ウ「主体的に学習に取り組む態度，人権尊重等」

7．本時の学習活動

（1）目標

○　地域の特産である太鼓作りを通して，自分と地域との関わりを考えることができる。

○　地域の伝統・文化への理解を深め，地域を大切にする気もちや態

度をもつことができる。

(2) 展開（11/15 ～ 13/15）

段階	主な学習活動	指導上の留意点	○評価観点（評価法） ・準備物　△他教科等
導入	1. 本時の学習課題を確認する。 「太鼓を作ろう！」	・太鼓の作り方等に気を付けて好みの太鼓が作れるように助言する。	○ウ（行動観察） △図画工作
展開	2. 太鼓を作る。	・太鼓作りの工程を4つに分け，製作活動ができるように助言する。 ・太鼓作りの人々の苦労を理解できるようにする。	○ア，ウ（行動観察） ・塩ビ管，牛皮，ひも，きり，針　など △図画工作
まとめ	3. 友だちが作った太鼓を全員で鑑賞する。 4. 本時の学習をまとめ，今後の活動への見通しをもつ。	・友だちが作った太鼓の良さに気付き，ワークシートに書くことを促す。 ・学習の振り返りをワークシートに記入し，発表できるように助言する。	○ア，イ，ウ（行動観察，ワークシート） ・ワークシート △国語

※上表内　ア「知識及び技能」　イ「思考力, 判断力, 表現力等」　ウ「主体的に学習に取り組む態度, 人権尊重等」

8．本時の評価

	ア. 知識及び技能	イ. 思考力, 判断力, 表現力等	ウ. 主体的に学習に取り組む態度, 人権尊重等
「十分満足できる」と判断される児童の学習状況	○自ら課題を見付け，解決の見通しをもつことができる。 ○地域の伝統・文化について理解することができる。	○作りたい太鼓の構想を描き，その実現へ向けて太鼓作りをすることができる。	○友だちが作った太鼓の良さを感じて，自分の学びに生かすことができる。

9．成果と課題

　本単元では，皮革産業の盛んな地域の特色を学習課題に取り上げ，皮革店調べや児童たちの興味・関心のある太鼓作りの学習活動を通して，地域の伝統・文化等の理解を深め，地域の一員としての自覚を高めることを目指した。

　指導は人権教育担当教員と他教員との協働的な指導体制の下に，児童たちの学習課題を明らかにし，探究的な学習プロセスに沿った取組を大切にしてきた。その結果，地域の人々の協力もあり，児童たちは，興味・関心を示した太鼓作りを通しての地域学習へ主体的に取り組むことができ，本単元の目標を概ね達成することができた。

　今後，本単元は次学年の学習活動にもなるので，今年度の成果と課題を明らかにし，形骸化しない学習活動の創造とともに，主体的な学習態度の育成に努めたい。そして，地域の特色に応じた課題についての学習を積極的に進め，地域における自己の生き方へつなげたい。

　なお，本時の評価において，努力を要すると判断した児童への指導手立ては，次の通りである。

○　地域の伝統・文化への知識や思考力等を一層深めるため，図書館の書物や動画の紹介・活用・発表等を取り入れる。

○　太鼓演奏会を実施し，手作り太鼓のよさや，協働的活動の大切さ等を理解できるようにし，学びに向かう力や豊かな人間性の涵養に努める。

|太鼓を作ろう！|

【準備物】　牛皮，ポンチ，ポンチ台，金づち，マジック，皮用はさみ
　　　　　　塩ビ管，ひも，針，
【作り方】　①　牛皮2枚をぞうきんでふく。
　　　　　　②　マジックで切り取り線を書いたあと，切りぬく。
　　　　　　③　ポンチと金づちを使って，穴を開ける。

図10-2　板書の内容

小学生「児童たちの学習活動（太鼓づくり）」

② K市立E中学校（2年生）の実践事例

1. 単元名　「地域を支える人材」としての意識を高める探究活動

2. 単元目標

○　1年次から継続してきた「実社会や実生活の中から課題を見いだし，自ら課題を立てる」という探究の基礎を生かして，生徒自身が自分の住む地域の魅力や課題を考えることのできる知識，技能を身に付ける。

○　生徒自らが地域を支えられる人材になることへの意識や態度をもつことができるようにするため，まず情報収集に力を入れ，そのための技能や思考力，判断力等を身に付ける。

3. 生徒の姿

二小一中の地域にあり，落ち着いた環境にあるが，生徒の学力差に課題がある。また，自らの地域に愛着をもちにくい生徒も少なからずいる実態がある。

4. 題材について

本題材は，生徒自身が生活している地域の魅力や課題について，自ら調べる「情報の収集」に重点を置いた実践を通して，地域への理解を促進し，生徒一人一人が地域を支える人材になることのできる資質・能力を身に付けられる題材である。

5. 育成を目指す資質・能力

観点	ア. 知識及び技能	イ. 思考力, 判断力, 表現力等	ウ. 学びに向かう力, 人間性等
評価規準	○学校の所在する地域の実態を理解する。 ○地域の抱えるさまざまな課題と地域の魅力を理解する。	○学びを基に, 自分の地域の課題を見いだすことができる。 ○学びの内容を基に, プレゼンテーションや動画にまとめることができる。	○地域の課題を自分ごととして捉えられる。 ○自らも地域の一員であることを自覚し, 地域の魅力の発信や地域の課題の解決に取り組むことができる。

6. 指導計画

(1) 指導計画の概要　（全17時間）

次	探究の過程	主な学習活動 （　）：時数	指導上の留意点	○評価観点 （評価方法）
1	課題の設定	○ガイダンス（今後の予定と課題の設定）　(1)	・今後の見通しを立て, 課題設定ができるように助言する。	○1. 2 （行動観察）
2	情報の収集 ⬇	○図書館等にある歴史的な資料を閲覧し、地域の歴史を見付ける。 ○地域にある史跡や歴史的な建物等、魅力につながりそうな場所や人、出来事や物語を確認する。 (1)	・資料の収集方法や整理方法を理解させる。 ・地域の歴史を学び地域の成り立ちを理解できるように助言する。	○1. 3 （ワークシート）
3	整理・分析 ⬇	○地域を複数の区画に分け、事前に調べた内容等も参考にして、フィールドワークの準備を行う。 (2)	・資料を活用し実際にフィールドワークの設計を行わせる。 ・中学生の視点から見た地域の魅力と課題は他の世代の人々から見た見解に差があることに気付かせる。	○1. 2 （ワークシート） ○3 （行動観察）

4	まとめ・表現	○地域に住む人々へのインタビュー調査の準備を行う。(1)	・ロールプレイングでは地域の方と話すことを意識させる。	
	⬇	○班別に実際のインタビュー場面を想定したロールプレイングを実施する。(1)		○1，3（行動観察）
5	情報の収集	○フィールドワークで区画ごとに班別で地域を回り、情報を収集する。(2) ○アポイントメントを取った地域の方にインタビュー調査を行う。(1)	・地域の魅力と課題という二つの視点から地域を捉えることに気付かせる。 ・丁寧な態度でインタビューを行えるように助言する。	○1，2（写真・動画撮影、ワークシート） ○3（行動観察）
	⬇			
6	整理・分析	○フィールドワークの結果を整理し、プレゼンテーションの準備を行う。パソコンを利用してスライドの作成を行う。(2)	・地域の魅力と課題を整理し、プレゼンテーションに入れることができるようにさせる。 ・見る側に興味のあるプレゼンテーションになるように助言する。	○1，2（プレゼンテーション資料） ○3（行動観察）
	⬇			
7	まとめ・表現	○プレゼンテーションの発表を行う。保護者や地域の方も招待する。(2)	・プレゼンテーションを行う際には一人一人に役割があるようにする。 ・お互いに質問や意見を記入できるようにする。	○1，2（感想文ワークシート） ○1（行動観察）
	⬇			
8	振り返り	○地域を支える人材を理解する。(1) ○活動のまとめとして、個人でレポートを作成し、振り返る。(2)	・一人一人に地域の魅力と課題を実感させ、地域を支えていく人材になる意識をもてるように助言する。	○1，2（まとめレポート、ワークシート）

※上表の評価観点　1.「知識及び技能」2.「思考力、判断力、表現力等」3.「主体的に学習に取り組む態度」

(2)　本指導事例における学習活動の工夫

［第1次］　ガイダンス

　プロジェクト全体の見通しを立て、課題の設定や情報の収集に向けて具体的な手順を確認した。

［第2次］　情報収集

　インターネットで地域の情報を収集したり、区役所や図書館で調べ学習を実施する。地域の歴史に関する資料、地域の魅力をまとめた資料、地域に残る物語や昔話などを調べ、題材につながる情報を収集することを明確にすることを助言する。

［第3次］　整理・分析（フィールドワーク実施）

　フィールドワークにより、地域の様子を整理できるようにする。そのためインタビュー内容なども分析してまとめることを助言する。

［第4次］　まとめ・表現（インタビュー準備）

　地域の様子から一層、地域の魅力や課題をつかむため、インタビュー内容を工夫し、情報の収集を行う計画を立てる。また、班別にインタビュー場面を想定したロールプレイングを行うことを助言する。

［第5次］　情報の収集（フィールドワーク）

　区画ごとに班別で地域を回り、情報を収集する。また、地域の方にインタビューを行えるように助言する。

［第6次］　整理・分析（プレゼンテーション準備）

　フィールドワークの結果からプレゼンテーションを立案する。第7次に発表を設定しており、その準備を行う。調査した内容から、地域が抱える課題、地域の魅力等の利点を盛り込んだスライドを作成する。「伝え方」「見せ方」に注意を払い、どのようなプレゼンテーションを行うのかを考えるようにする。

［第7次］　まとめ・表現（プレゼンテーション発表会）

　発表会を実施する。各班は発表を聞いて、感想文形式のワークシートに記入する。発表の良かった点や改善点を記入し、それぞれの班に

渡す。これは探究の「まとめ・表現」にあたるプロセスであり、生徒たちが地域への理解を一層深めることができる。

［第8次］　振り返り

　これまでの学習活動のまとめを行うため、個人でレポートを作成する。考えたこと、学んだことをワークシートに記入し、「最も力を入れたこと」を問うことで、探究の過程でどこに重点を置いて活動したかを評価することを試みる。

7. 成果と課題

　中学生が地域の課題や地域の魅力と向き合い、自らの力で地域のことを考える探究的な学習活動を実施してきた。特に、今回の事例では、情報の収集に重点を置いた取り組みを目指した。そのため、単純に本やインターネットの情報を鵜呑みにすることなく、実際にフィールドワークを設定し、インタビューを実施し、地域をめぐる活動を通して、実体験を通して確認を行った。

　そのため、区役所に事前に連絡し、探究の学習過程を理解して頂き、地域に関連した資料の入手や生徒の質問場面を設定すること等の支援をお願いし、生徒の興味関心を引き出すことができた。また、学習活動の多くを班活動で行うことで、生徒同士がお互いに支え合い、全員でプレゼンテーションに取り組むことができ、高い満足感、充実感を得ることができた。多くの生徒が、総合的な学習の時間で育む資質・能力を身に付けることができるようになってきた。

　しかしながら、生徒の中には、活動的な学習活動には興味・関心を示し、楽しく学習しているが、探究という言葉の意味が十分に理解できず、探究活動の手法そのものがわからない者も一定数いる。したがって、今後は探究の過程を理解できるように指導しなければならない。そして、評価において努力を要すると判断した生徒には、「何を学ぶか」「どのように学ぶか」「どのような資質・能力が身に付くのか」等を毎回の時間の指導において理解できるようにしたい。

中学生「通学路周辺のゴミ収集」
（本実践校以外の生徒の様子）

③ 〇府立F高等学校（1年生）の実践事例

1. 単元名　様々な人が暮らすこの街の防災の対策を考えよう
2. 単元目標

　　近い将来に起こるとされている南海トラフ地震などの大規模災害に備えた防災対策について考える。その中で，地域には高校生だけではなく様々な人が暮らしているという視点をもった上で対策を考えられるようにしたい。また，実際に街に出てフィールドワークやインタビュー等の活動を積極的に取り入れることによって，探究の過程の一つである「情報の収集」の手法を増やし，学習を深めたい。

3. 生徒観

　　生徒は学校の中で過ごしており，地域でどのような人が暮らしているかを意識しているとは言えない。災害については，いつ発生するかわからないので備えが必要であるということは理解しているものの，災害発生時にどのような状況になるか具体的にイメージできているとは言えない。想像力を働かせ，他者の立場を理解しながら課題解決に当たる力を身に付けさせたい。

4. 題材観

　総合的な探究の時間の目標として，実社会や実生活と自己との関わりから問いを見いだすことが示されている。また，新学習指導要領の解説において明記されている「問いや課題は，生徒がもっている知識や経験だけからは生まれないこともある。そこで，実社会や実生活と実際に関わることを求めている」[3]ということを踏まえ本題材を設定した。

　本題材により，生徒たちが生活者の視点で地域の暮らしを見つめ，課題を見いだし，地域の一員として，町の防災・減災の対策を考えることができるだろう。

5. 育成を目指す資質・能力

観点	ア．知識及び技能	イ．思考力，判断力，表現力等	ウ．学びに向かう力，人間性等
評価規準	○学校が所在する地域に危惧されている災害や被害予測について理解する。 ○地域に様々な人が暮らしていることを理解する。	○他者の立場に立って想いを巡らせ，問題点を見いだすことができる。 ○ポスターやレポートなど学習した内容を適切な方法でまとめることができる。	○災害について，自分の身の回りでも起こり得ることという意識で課題に臨み，興味や関心をもって最後まで粘り強く課題に取り組むことができる。

6．指導計画

（1） 指導計画の概要 （全15時間）

次	探究過程	主な学習活動 （　）：時数	指導上の留意点	○評価観点 （評価方法）
1	課題の設定	○イントロダクション ・予定の確認 ・課題の確認　　　　　（1）	・活動の見通しを立て，すべきことの確認を促す。	
2		○災害時における被害予測 ・学校が所在する地域に危惧される災害とその被害予測について確認する。 （1）	・学校が所在する地域に焦点を絞り，遭遇するかもしれない危機を共有できるようにする。	○ア．（ワークシートの内容）
3	⇩	○この街に暮らす様々な人 ・統計データなどを活用し地域にどのような方が暮らしているかを確認する。 ・3～4名程度の班を編成し，各班に「高齢者」「乳児とその保護者」「障がい者」「外国人」などの立場を振り分け，普段の生活，困りごとなどのプロフィールを作成する。（3）	・「高校生」という立場は設定せず，自分とは異なる立場に立つことを求める。 ・想像力を働かせてプロフィールを作成することで，その立場になりきってフィールドワークを進める心構えをつくる。	○ア，イ（ワークシートの内容）
4	情報の収集 ⇩	○フィールドワーク ・自分の班が担当した立場の人の視点で学校周辺を見て回り，災害時にどのような困難が発生するか実地調査をする。 （2）	・立場や視点を変えることによって課題を見付けるという手法を経験させる。可能であれば，地域の方へのインタビューなどによる交流を実現させる。	○ア，イ（フィールドワークノートの内容） ○ア，イ（撮影した写真の内容）

5	整理・分析	○この街の災害時における問題点 ・フィールドワークの結果をもとに，災害時の問題点について，模造紙を用いてポスターを作成する。 （発表） ・各班の発表を行う。　　(3)	・調査した内容を整理しポスター作成ができるようにする。 ・過去のポスターを参考にすることを助言する。 ・学習課題に合った発表ができるようにする。	○ア，イ（ワークシート，ポスターの内容） ○イ，ウ（発表の内容）
6		○代表班による発表会 ・保護者の方や地域の方にも参観していただく。(2)	・他の班の発表から，問題点や課題を学ぶように促す。	○イ，ウ（コメントシートの内容）
7	まとめ・表現	○災害時の問題点とその解決方法の提案 ・これまでの活動のまとめとして，個人でレポートを作成する。　　(2)	・ここまでは班活動であったが，最後は個人で振り返りができるようにする。	○ア，イ，ウ（レポートの内容）
8	（振り返り）	○学習活動の振り返り ・これまでの活動を振り返りシートにまとめる。　(1)	・成果や課題をこれからの探究活動に生かすようにする。	○イ，ウ（振り返りシートの内容）

※上表内　ア「知識及び技能」　イ「思考力，判断力，表現力等」　ウ「主体的に学習に取り組む態度」

(2)　**本事例における学習活動の工夫**

［第1次］　イントロダクション

　　予定やすべきことの確認を通して，プロジェクト全体の見通しをイメージさせた。また，普段の登下校の際などにも問題意識をもって様々な観察が行われることを期待して，地域へのフィールドワークを行うことを予告した。

［第2次］　災害時における被害予測

　　知識の整理として，学校が所在する地域において予想される災害やその被害について学習した。防災の学習において大切なことは，生徒にしっかりと当事者意識をもたせることである。そのために，できる限り"その地域ならでは"の問題点を扱うようにし，生徒がこの単元を"自分ごと"として捉えられるように導いた。

［第3次］　この街に暮らす様々な人

　　統計データなどを用いて，この街にどのような人が暮らしているか，地域の特徴を実感してもらうようにした。多様な立場があることを認識することで，その後のグループ活動につなげられるようにした。

　　第3次から第5次にかけてグループ活動を展開する上で，生徒を高校生以外の"他者の立場"において活動を進めることが，この実践のポイントとなる。一見，先述の"当事者意識"とは真逆の提案のように思えるかもしれないが，探究活動をその立場になりきって進める中で，生徒は様々な発見や意思決定を行うことになる。その中で「自分ならどうか？」といつの間にか自分のことについても思いを馳せて考えるようになることを期待して実践を進めた。

［第4次］　フィールドワーク

　　駅や公共機関などの目的地を設定し，また，その道中においても困難が予想される箇所はないか実際に出向いて見て回った。その際，写真を撮影するなど記録を多く残すように指導した。可能な範囲で当該施設の方や街の方にインタビューを行った。

［第5次］　この街の災害時における問題点について整理分析する

　　調査結果のまとめとして，各班で模造紙にポスターを作成した。ポスターに用いる素材として，写真をプリントアウトしたものや学校周辺の地図を用意した。各班に様々な立場を割り当てたので，発表では同じ街並みであっても，他の立場による意見を聞くことができる。長期にわたる単元であるため，このような形で生徒に新鮮味をもたせる工夫を行うことも重要である。

［第6次］ 代表班による発表会

　各クラスで成果をあげた班を推薦してもらい，学年全員の前で発表会を行なった。保護者の方や地域の関連団体の方，ご協力いただいた方にも案内を送付し，発表を見学していただいた。

［第7次］ 災害時の問題点とその解決方法の提案

　まとめとして，これまでの班活動ではなく，個人としてレポートを作成させた。班活動では，他のメンバーに頼り切って十分に学習を深めていない生徒（フリーライド問題）がいる可能性がある。そこで，班による発表で単元を終えるのではなく個人でまとめさせることによって，ここまでの探究活動を整理し，活動内容を自らのものにすることにつなげた。

［第8次］ 学習活動の振り返り

　本単元での取組の中で，設定した課題についてフィールドワークやインタビューなどの「情報の収集」で得た内容をうまく活用してまとめることができたかという視点で振り返りを行った。成果と課題を明らかにすることで，これからの学習活動に生かすようにした。

7. 成果と課題

　日常生活から湧き上がってくる疑問や関心を基に探究課題を設定していく手法は，総合的な探究の時間を進める上で有効なものである。しかし，生徒に日々の生活の問題点を尋ねても，すぐに出てこない場合が多い。そこで，本実践では生徒にとって馴染みのある学校周辺の地域を題材として，あえて自分の視点とは異なる他者の立場を設定することで，改めて地域を見つめるように生徒を促し，問題点を見いだす活動を設定した。その結果，実際に地域に出て行うフィールドワークを取り入れたこと等により，生徒たちの多くは，実社会や実生活と自己との関わりから問いを見いだすことができた。

　高等学校の通学区域は広範囲になるので，その地域の特性をよく理解しておくことや，他校や関係諸機関との連携についても指導計画に反映させていきたい。また，本単元において育むべき資質・能力は，今後も

関係教員とともに共通理解を図っておきたい。

　なお，本学習活動の評価において努力を要すると判断した生徒には，以下の手立てで指導した。

○　課題の設定がうまくできないグループについて，日常的に，地域・社会の出来ごとに関心をもつことの大切さを説明するとともに，新聞等から関連する情報の入手を行うように促した。

コラム-7　「地域を題材に取り上げる場合の工夫」

　学校が所在する地域を学習の題材にする上で，その地域の特性をよく理解することが重要である。特に，高等学校の場合は，通学区域が広範囲にわたるので，事前に地域の特色や関係諸機関などとの連携についても検討し，指導計画に反映させる必要がある。

　地域の災害をテーマとした実践が難しいような場合，「バリアフリー」や「街のユニバーサルデザイン」について考えることを課題とすることもできる。また，学校内に範囲を狭めて，災害時の問題点（様々な災害に耐えうるか？　どのような人が避難してくるだろうか？　学校が避難所となった時にどのような問題点があるか？）ということを課題とすることも考えられる。

　さらに，地域での学習活動は，長期休暇中などを利用して個人課題として課すことも可能である。ただし，完全に児童生徒に委ねるのではなく，課題の設定までは授業の中で取り扱う方が良いと考える。

　課題の設定が不十分であると，深まりの乏しい"ありきたりな提案"ばかりになってしまう可能性が考えられるので留意しなければならない。

（谷　　昌之）

　児童生徒の探究的な学習活動をより活性化させるためには，彼等の興味・関心に基づく課題を設定し主体的に取り組める実践が大切である。身近な題材や，日常学習の発展させた実践事例を以下に紹介する。

① Ｏ市立Ｇ小学校（5年生）の実践事例

1. 単元名　コメから世界を見つめよう　～食を通した国際理解～

2. 単元目標

○　家庭科「ごはんとみそ汁」から，「世界のコメ料理」へと学習を発展させる過程を通して，食生活に興味・関心をもち，「食育」に主体的に取り組める知識や判断力等を身に付けられるようにする。

○　「世界のコメ料理」の活動を通して市民感覚の国際理解の大切さを学び，今後の学習に役立てられるようにする。

3. 地域・学校・児童の実態

　本校は準工業地域にあり，交通の便が良いこともあり，外国籍の家庭が増加している。そのため本校の外国人児童数は年々増えており，日常生活を通しての交流や外国語や国際理解等の学びの機会に反映されることがある。しかし，児童達が身近に世界を感じる状況には至っておらず，国際理解の視点から課題をもつことは限られている。

4. 教材について

　本教材は，家庭科学習の発展的活動である。調理実習等で芽生えた米への興味関心をきっかけとして，「日本以外にも米を作っている国は多くあり，それらの国では，どんな調理内容だろうか」という疑問をもつことから始めた。

　児童の興味・関心のある身近な食生活を手掛かりに，視野を世界へと広げていき，コメの調理方法だけでなくその背景にある世界の食文化，習慣，考え方等についても触れていった。児童は，等身大の目線で「世界の

中の自分」「世界とのつながり」等を理解し，本単元への足掛かりとした。

　なお，本単元は国際理解を市民感覚で考えていくことに重点を置いた。その実現のために以下の二点を配慮した。一つは，本単元に取り組む児童の「情報の収集・整理・伝達等の資質・能力の向上」を図っておくことである。そのために，NIE（Newspaper in Education）の学習との関連を図った。二つには，「調べ学習」，「人々との出会い」等から他国文化の知識や思いを主体的に獲得していけるようにするため「ゲストティーチャー招聘」を図り，市民感覚での国際理解の機会を設けた。

5．育てたい資質・能力

観点	ア．知識及び技能	イ．思考力，判断力，表現力等	ウ．主体的に学習に取り組む態度
評価規準	○外国にも多くのコメ料理があり，人々の食生活と深く関わることを理解できる。 ○他教科等で習得した知識や技能を活用できる。 ○体験を通した学びから，自分たちの食文化のよさを知るとともに，多文化を理解し尊重することができる。	○コメ料理から各国の食文化の共通点や，違いを正しく理解できる。 ○集めた情報を比較，分析・整理して意見交流できる。	○課題に主体的に取り組むことができる。 ○各国の文化への興味関心を深め，進んで交わることや，自他の文化を尊重する意欲や態度を高めることができる。 ○学びから得られたことを，自らの生活に生かすことができる。

6．単元の展開

(1) 本単元までの経過・工夫

　本単元では8か国（中国，韓国，フィリピン，ベトナム，インドネシア，タイ，マレーシア，モンゴル）の方々をゲストティーチャーとして招聘し，児童との交流や支援をしていただくが，前段階として以下の様な実践を行った。

　○　発展学習のスタート【家庭科】

　　調理実習「ごはんとみそ汁（5年生）」で家庭科の知識及び技能を

習得した児童に，発展として他の調理方法にも目を向けるよう助言
をした。

　「炊き込みご飯やお粥，寿司…」と答える児童に，「日本以外の国
には，どんな調理がある？」と問うと，「ビビンバ，炒飯，トルコラ
イス…」と即座に食べたことがある料理を答えた。児童の食を通し
た学びへの興味・関心は高く，発展学習としての「世界のコメ料理
へのアプローチ」を意欲的に受け止めることができた。

○　情報の収集，整理，伝達等の仕方の習得【NIE（Newspaper in Ed-
ucation）】

　「総合的な学習の時間」で本実践のような発展学習を行う場合，
情報の収集，整理，伝達等の力が未熟なために十分な自由研究に至
らないことがある。そのため，国語科「新聞記事を読み比べよう」
で同一記事が掲載された新聞三社の紙面を比較する学習と関連的に
指導を行った。新聞三社が各々使用した写真や見出し等を比較し，
「同じ内容でも切り口の違いで，書き方や表現方法は大きく変わる」
ことを学んだ。そして，グループで新聞づくりに取り組み，情報収
集，整理，伝達の基礎基本を習得していった。さらに培った力を朝
の会のスピーチの改善や社会見学等の発表の工夫，総合的な学習の
自由研究等で一層磨いていった。

小学生

「同じ内容を各新聞で比較検討」　「発表し合い考えを深める」　「NIE学習と関連した授業」

(2) 指導計画（全11時間）

次	探究過程	学習活動	時数	ア	イ	ウ	評価規準	評価方法
1	課題の設定	○和食以外のコメ料理について調べてみよう。	1	○	○	○	・家庭科の学習を基盤に，国際理解に興味・関心を広げられる。	・ワークシート
2	情報の収集	○各自で興味関心のある料理をそれぞれ調べる。	1	○	○	○	・興味関心を広げることができる。	・行動観察（発言）・ワークシート
3	整理・分析	○グルーピングを行い，8チームを編成する。	1	○	○	○	・どのゲストティーチャーの国を選ぶかの理由を明確にもつことができる。	・行動観察（興味関心，編成作業への参加態度等）
		○資料に基づいて各々のコメ料理のレシピをつくる。	1	○	○		・実習時に役立つ資料を作成できる。	・レシピの内容
4（本時）	（調理実習）	○調理実習計画を立てる。	1	○	○		・実効性のある計画を立てることができる。	・行動観察（参加意欲）
		○調理実習を行う。	2	○	○	○	・様々な助言を生かし，協力して調理できる。	・行動観察（役割分担，自主的態度，ゲストへの配慮等）

5	まとめ・表現	○集めた情報を分類・整理し,新聞を製作する。	2	○	○	○	・情報を,分かりやすくまとめることができる。	・行動観察（製作活動)
	⬇	○各新聞を紹介し,体験した市民感覚の国際理解を広げる。	1	○	○	○	・国際理解の大切さを理解することができる。	・新聞の内容 ・ワークシート ・行動観察(発言)
6	(振り返り)	○まとめを行う。	1	○		○	・学習を振り返り,今後の学習や生活に生かすことができる。	・ワークシート

7. 本時の学習活動 (6/11 ～ 7/11)

(1) 目標

　　世界のコメ料理を自主的に調べ,その学習成果をもとに8か国のゲストティーチャーの支援を受けながら調理実習を行う。そして,体験したことや感じたこと等を全員で交流し合う。

(2) 展開

　　本時は,「(日本のごはん以外に)世界にはどんなコメ料理があるのか」というテーマを児童が主体的,体験的に調べる機会として設定した。

　　ゲストティーチャーとの交流による学習活動を通して,国際理解への認識を深めるとともに,様々な情報の入手から,「整理」・「伝達」への活動意欲を高めたい。また,他教科との関連を密にして,横断的・総合的な学びの充実した指導展開に努める。

段階	主な学習活動	指導上の留意点	○評価観点(評価方法) ・準備物　△他教科
導入	1.　本時の学習課題を確認し, グループ毎にゲストティーチャーと簡単に打ち合わせをする。	・本時のねらいを伝える。 ・短時間で効果的に打ち合わせられるよう, ゲストティーチャーをサポートする。	○ア, ウ(各グループ行程表) ・各グループ行程表 △家庭科
展開	2.　計画表に基づき, 準備する。 3.　グループ毎にゲストティーチャーと調理実習を行う。 4.　出来上がったコメ料理をゲストティーチャーとともに喫食する。 5.　協力して片付ける。	・漏れがないよう支援をする。 ・児童が計画した調理方法に沿って, スムーズに調理実習ができるよう支援する。同時に, ゲストティーチャーとの交流が深まるように配慮をする。 ・出身国の話題等で, 楽しく交流できるようにする。食後に時間の余裕があれば新聞製作のためインタビューを行うよう指示する。 ・協力して活動できるように支援する。	○イ(行動観察) ○ア, イ, ウ(各グループ行程表, 行動観察) ・各グループ行程表 ・各グループ調理用材料, 調味料, 調理器具 ・皿, 箸等の喫食用道具 △家庭科, 社会, 外国語 ・清掃用具
まとめ	6.　各グループでインタビューをし, 本日のお礼の気もちを伝える。	・必要な情報を収集するとともに, 人間的な触れ合いの時間となるようにする。	○イ, ウ(行動観察) △家庭科

※上表内　ア「知識及び技能」　イ「思考力, 判断力, 表現力等」　ウ「主体的に学習に取り組む態度」

8．本時の評価

	ア．知識及び技能	イ．思考力，判断力，表現力等	ウ．主体的に学習に取り組む態度
「十分満足できる」と判断される児童の学習状況	○世界のコメ料理について興味・関心を高め，課題を設定して取り組むことができる。	○様々なコメ料理について図書や情報機器等を自主的に活用し，課題解決に必要な情報を収集・整理できる。そして，自分が調べた内容を分かりやすく伝え，より価値の高い情報に練りあげられる。	○調べたコメ料理をゲストティーチャーの支援を受けながら調理する活動を通じ，市民感覚の国際理解の大切さを学び取ることができる。

9．成果と課題

　8か国の方々をゲストティーチャーとして招聘したことは，児童には非常に効果的だった。全員が本市の非常勤職員（英語担当）で，児童とのコミュニケーションに慣れておられ，聞き取りや交流もスムーズに行えた。

　実習終了後に，活動グループごとに新聞製作を行った。どの新聞も実習で得られた成果が表れ，具体的で楽しく充実した紙面になった。

　また，NIE で学びとった「情報の収集・整理・伝達」が十分に生かされ，非常に読みやすく読者の立場を考慮した記事に仕上がっていた。

　今回は8グループで異なった交流を行ったが，各新聞の発表会においては，各々の学びや想いを伝え，聞くことで自分が体験していない他の7つの学びや想いに触れることができた。（「ジグソー学習」の形態を取り入れた）

　ゲストティーチャー招聘等の準備に時間を取られたが，今回の市民目線での国際交流は激動する国際情勢にも影響されることのない「人間中心の国際理解」であると考えている。その得難い機会をもつことができて，児童にはよい経験になったと判断する。

今後も，この横断的・総合的で体験的な学びを通して得たことを生か
し，グローバル化著しい日本社会を「自分なりの国際理解の視点」をもっ
て主体的に，前向きに生き抜いてもらいたいと願っている。

小学生「実習で使用した活動計画書」

小学生「調理実習の様子」

２　O市立H中学校（１年生）の実践事例

　本実践事例は，６月，中学１年生の生徒が，「先生，梅雨に入り，履き替え
の靴を買おうと思って母と一緒に駅前のお店に行ったのですが，白の運動
靴を売っていません。大型店にもないのです。少しだけど色ラインがある
ものは校則(生徒心得)に違反になりますか？」と問いかけてきたことから，
「子どもの権利条約」との関連を踏まえ，生徒の疑問を日常生活の課題の解
決に発展させ，生徒たちの学びに向かう力等の育成を全教職員で取り組ん
だ内容である。

１．単元名　「子どもの権利条約」を友達に分かりやすく伝えよう
　　　　　　　―生徒手帳の所持品規定を見直す自治活動の一つとして―

２．単元目標
　　多様な価値観をもつ生徒間で自己や他者の権利について学級のグルー
　プごとに調べ，話し合い，発表し合う探究のプロセスから，合意形成と
　自己実現の方法を獲得する。

３．地域・学校・生徒の実態
　　本校の地域社会は都市の中心部にあり，外国人生徒や保護者が多く居

住している。それゆえ，本校は国際理解に関わる指導を重視し，全学年が計画的に取り組んでいる。生徒たちは，差別や権利に関わる意識は強いものがあるが，日常の課題を話合いによる合意形成に基づいて解決しようとする力には至っていない実態が見られる。

4．題材について

　外国人生徒の中には，既に「Convention on the Rights of the Child (CRC)」を学習して，生活において実践できる段階にまで習得している生徒がいる。その一方で，多くの生徒は何も知らない状態である。そのため，本題材を通して，「子どもの権利条約」の理解を深めながら，日常生活の課題を取り上げ，探究的な学習過程に沿って解決できる資質・能力を身に付けられるようにしたい。

5．育てたい資質・能力

観点	ア　知識及び技能	イ　思考力，判断力，表現力	ウ　学びに向かう力，人間性等
評価規準	○生活課題を通して条文の内容を理解することができる。 ○社会参画の意義を理解することができる。	○主体的・対話的に条文の表現を工夫することができる。 ○他者に伝わる表現方法を考えることができる。	○他者の意見を介し，自己の意見を捉え直して，深い学びにつなげることができる。 ○社会の形成者としての自覚をもつことができる。

6．指導計画

(1)　指導計画（全13時間）

次	探究過程	学習活動	時数	ア	イ	ウ	評価規準	評価方法
					評　　価			
1	課題の設定 ⇩	○オリエンテーション（体育館）	1	○		○	・生徒規則と学習の関連を理解できる。	・ワークシート

		学習活動	時数	ア	イ	ウ	評価規準	評価方法
		○グループ編成と役割分担(教室)	1	○			・グループと自分の課題を設定できる。	・行動観察(発言,聞く態度)
2	情報の収集	○条文解釈	2	○			・インターネットや図書館の資料から情報の収集ができる。	・ワークシート
3	整理・分析	○シナリオづくり	2		○	○	・情報収集した内容を整理し,シナリオ作りの準備ができる。	・シナリオ用紙
4	(用具制作)	○用具製作	2		○	○	・用具の製作を行う。	・行動観察(制作)
5	まとめ・表現	○学級内及び,学年リハーサル	2	○	○	○	・リハーサルの内容に質問や意見ができる。	・行動観察(見る・聞く・発言態度)
6	(発表会)	○総合学習発表会	2	○	○	○	・他者に分かる発表を行い,また聞くことができる。	・行動観察(見る・聞く態度
7	(振り返り)	○振り返り	1	○	○	○	・学習活動を振り返り,成果と課題を理解し,内省ができる。	・ワークシート

※上表内　ア「知識及び技能」　イ「思考力,判断力,表現力等」　ウ「主体的に学習に取り組む態度」

7. 成果と課題

　本実践過程において,第1学年の教員は,年間指導計画を解釈し直し,2学期の総合的な学習の時間を用いて,「児童の権利条約・子どもの権利条約(Convention on the Rights of the Child/CRC)」の全文を学級別に分担し,学級ではグループに分かれて取り組むことに発展させた。これにより,生徒の間に互いの権利を配慮した言動がみられた。取組の根底

には，探究過程の指導展開を踏まえた指導計画や指導体制が見られ，他学年への広がりも見られるようになった。したがって，生徒たちに必要な資質・能力の育成を図ることができたと考えている。

　今後の課題として，総合的な学習の時間の時数確保，生徒たちの実態に合った題材の設定，各教科等との関連の工夫，探究的な学習指導の確立，チーム学校の視点から学校の教育課程を開いていく方策等が挙げられる。

　[本事例における学習活動の工夫]
1．生徒の願いを受け止め，課題を明確にした学習へ発展したこと
　　○　中学1年生の生徒の疑問・提案について，校長をはじめとして多くの教員が受けとめ，早速，生徒指導部会での協議を通した上，生徒会による全校生への調査の実施，そして，学級会や生徒総会での相互の話合いにより，解決を図ることができた。なお，課題を絞り込んで明確にするために，「青い線が入った靴は生徒規則上，認められるか」，「生徒規則は子どもの権利条約上，認められるか」と課題を設定して実践を始めた。
2．解決を図るための情報の収集・まとめ等，いわゆる探究過程の指導を重視したこと
　　○　学級ではグループリーダーを決め，一つひとつの条文の内容をパソコン室や図書館でWebや文献検索から始めた。一部の生徒は，放課後に地域の総合図書館や大学図書館に行き，条約の成立背景や条文の解釈について探究できた生徒もいた。
3．探究的な学習の成果を発表できる場と振り返りの場を設定し，学習意欲を喚起したこと
　　○　探究的な学習の成果を発表するため，体育館に1年生全員とその保護者，通学区域の小学6年生，学校外の関係者を招き，総合学習発表会を開催した。生徒たちは，探究的な学習の成果を生き生きとした姿で発表し，学習活動の成果を確認することができ，次への学習意欲を高めることができた。

その後，文化祭で学年代表として２つの学級が同じ内容を舞台で
　プレゼンテーションを実施し，他の学年の生徒にも反響があった。
　次の週，学習全体を振り返り，ポートフォリオを整理した。
４．学校外の人々との連携・協力を図り，開かれた教育課程を大事にし
　たこと
　　○　来賓（地域役員，教育委員会の指導主事，役所の担当者や図書館
　　　長など関係機関・団体の代表者）も招待して「総合学習発表会」を開
　　　催し，学校教育への理解を深めることができた。
　　○　以下は，生徒の興味や関心に基づき，開かれた教育課程や生徒た
　　　ちに必要な資質・能力の育成の視点から，地域社会との連携・交流
　　　を推進した教育実践のテーマである。
　　　①　人間の尊厳や自他の権利を考える（社会教育施設と協働企画）
　　　②　「いじめ判例学習」いじめを考える（弁護士会と協働企画）
　　　③　「やさしい経済教室」（商工会議所・証券会社と協働企画）
　　　④　「ケータイ安全教室」（商工会議所・会社・NPOと協働企画）
　　　⑤　「冷蔵庫とリサイクル」（電器製造会社・大学・NPOと協働企画）
　　　⑥　「地下鉄で街探検」（会社・PTA・NPO・大学と協働企画）
　　　⑦　「家づくり・街づくり教室」（住宅会社・大学・NPOと協働企画）等

③　○府立I高等学校（１年生）の実践事例

１．単元名　探究入門　〜　問いを立てる・調べる　〜
２．単元の目標
　　探究の学習に不慣れな生徒に対し，探究の過程を一通り体験すること
　によって，一連の探究活動の流れを把握し，必要となる基礎的な技能を
　身に付けられるようにする。特に，「課題の設定」「情報の収集」に重点を
　置き，探究における「問い」を立てることの重要性について理解し，「問
　い」を自らの力で立てられるようにする。
　　また，「キーワードを引き出す」「問いを立てる」といったプロセスにつ

いて，スモールステップとなるように取組を設定し，探究に対する自信のなさや不安を取り除き，興味や関心を引き出すようにする。

3．生徒観

生徒は広範囲の中学校から進学してきており，各中学校における探究的な学習の取組状況にばらつきが見られる。

課題を解決することについては前向きに取り組む姿が見られるが，自ら様々な事柄に興味・関心をもって課題を設定する力は十分に育っているとは言えない。

4．教材観

探究の学習に不慣れな生徒たちの実態や，学習指導要領に総合的な探究の時間の目標である「自分で課題を立て，情報を集め，整理・分析して，まとめ・表現することができるようにする」[4]こと等を踏まえ，本単元の教材には，主に「自分で課題を立てる・調べる」ことや，「問い（リサーチクエスチョン）」に重点を置いた実践を行うことにした。

本教材により，探究の学習において課題の一つに挙げられる初期段階の「課題」，「問い」等への自信を身に付けることができ，この時間において育成を目指す資質・能力の伸長に弾みがつくものと考える。

5．育成を目指す資質・能力

観点	ア．知識及び技能	イ．思考力，判断力，表現力等	ウ．学びに向かう力，人間性等
評価規準	○関心をもった事柄について「問い」の形にすることができる。 ○図書館を活用し，書籍による情報収集を行うことができる。	○1つのキーワードから，発想を広げ様々な疑問を導き出すことができる。 ○調べた事柄をレポートにまとめ，作成したレポートの内容について，他者に口頭で説明できる。	○興味や関心をもって最後まで粘り強く課題に取り組むことができる。

6．指導計画

（1）指導計画（全15時間）

次	探究過程	主な学習活動 （ ）：時数	指導上の留意点	○評価観点 （評価方法）
1	情報の収集	○イントロダクション ・予定の確認 ・調べるための手法 (2)	・活動の見通しを立て，すべきことを確認する。	○ア（公立図書館の貸出カードを作成する。）
2	⬇	○キーワードを見付ける。 ・簡易的なマインドマップを作成して自分の興味・関心からキーワードを見付ける。 (2)	・発想を広げ，多くの単語を引き出すように促す。	○ア，イ（簡易的なマインドマップの内容）
3	整理・分析 ⬇	○キーワードについて調べ，整理・分析する。 ・キーワードについて調べる。 (1)	・キーワードについて文献を調査し，多面的な視点からアプローチできるようにする。	○ア，イ（調べレポートの内容）
	まとめ・表現	・調べた内容をレポートにまとめ，「問い」を考える。 (1)	・キーワードについてまとめ，「問い」について考える。	○ア，イ（レポートの内容）
4	課題の設定 ⬇	○「問い」を立てる。 ・キーワードに関する「問い」を立て，教員から評価を受ける。 (1) ・「問い」が認められて合格するまで繰り返す。 (2)	・「問い」を評価する（大きすぎる，簡単すぎる 等）ことを繰り返して「問い」の精度を高められるようにする。	○ア，イ，ウ（「問い道場」で合格する。）
5	情報の収集	○情報を収集し，「問い」に基づいたレポート作成の準備を行う (2)	・他からの情報を入手して作成できるようにする。	○ア，イ（レポートの内容）
	整理・分析 ⬇	○「問い」の解明や自身の提案を整理・分析したレポートを作成 (1)	・自身の考えを深めることのできる内容を盛り込むことを助言する。	・後述，表10-1「レポートの評価ルーブリック」参照

6	まとめ・表現 ⇩	○レポート発表会 ・学習のまとめとして，小グループ内で自身のレポートの概要を発表する。　　(2)	・自らの学びを他者に紹介し，「まとめ・表現」の過程が深められるようにする。	○イ，ウ（コメントシートの内容）
7	（振り返り）	○学習活動の振り返り ・体験した内容を，探究の過程に基づいて振り返る。　　　　(1)	・成果や課題をこれからの探究活動に生かすことを助言する。	○イ，ウ（振り返りシートの内容）

※上表内　ア「知識及び技能」　イ「思考力，判断力，表現力等」　ウ「主体的に学習に取り組む態度」

(2)　本事例における学習活動の工夫

[第1次]　イントロダクション

　　プロジェクト全体の見通しを立て，第3次で取り組む「まとめレポート」の作成に向けて，情報収集の手法について確認した。課題として，近隣の図書館の貸出カードを持参することを課し，情報源として書籍が重要な存在であること，自ら図書館を訪れて蔵書に触れることの大切さを確認した。

[第2次]　キーワードを見付ける

　　簡易的なマインドマップの作成を課題とし，「好きな教科」「好きなもの」「気になるニュース」「得意なこと」「将来の夢」の5項目に答えるところから始め，そこから派生する単語を広げ，整理していくことで自身のテーマとなるキーワードを決定した。探究の過程を体験するということがこの単元の目的であり，期間の長いプロジェクトであることから，生徒自身の興味・関心から導き出した愛着のあるキーワードを用いて活動を進めるようにした。

[第3次]　キーワードについて調べる

　　自身が設定したキーワードについて，文献等を用いた調べ学習を展開した。授業時には「関連する書籍を持参する」ことを課題として設定し，授業時間外においても図書館に訪問する等，生徒の取組を促した。また，この調べ学習をレポートとしてまとめておくことで，最終レポー

トの序章（用語の定義，背景等）として用いることができるようにした。

[第4次] 「問い」を立てる

　ここまでの取組を通して生まれた疑問を「問い」として形にするようにした。問いを立てる作業は生徒にとって非常に難しく，不安を多く感じる活動である。そこで，5W1H（Who "だれが"，When "いつ"，Where "どこで"，What "なにを"，Why "なぜ"，How "どのように"）をキーワードとクロスさせて疑問文を作成するワークを取り入れ，問いを立てる過程を支援した。しかし，それでもその後の探究活動を推進する問いを立てることは容易ではなく，問いのスケール感（対象の範囲が大きすぎないか？　簡単すぎないか？）や価値（時間をかけて取り組むべきものか？）等，探究課題として適切かどうかについて教員とやりとりする活動を設定した。これを「問い道場」と名付け，作成した問い（疑問形の文章）を教卓にいる教員に提示し，指摘を繰り返し受けて出直すといった活動を設定し，何度でも問いを修正して教員に挑む雰囲気を作った。

[第5次] 「問い」に基づいたレポート作成し，学習を整理し分析する。

　設定した「問い」を解明することと，自身の提案を行うことを条件としたレポートを作成し，必要に応じて追加調査を行った。

[第6次] 　レポート発表会

　作成したレポートの内容を他者に伝える場として，レポート発表会を設定した。発表会は生徒が取組を行いやすいように，4～5名の小グループを構成して輪になって報告し合う"ミニ発表会"の形式をとった。グループのメンバーは発表を聞いて「内容で良かった点」「発表の仕方で良かった点」「気になったこと，改善した方が良いこと」の三点についてコメントシートに記入し，本人に渡してフィードバックを行った。

　自らのレポートを報告するということで，内容については熟知している。そのことによって，持ち時間に適した要約の方法や相手に伝えるための表現方法等に意識を集中して発表方法について工夫をすることができた。

［第7次］　学習活動の振り返り

　　本単元での取組について，探究の過程の各プロセスに分けて記入することができる振り返りシートを用いて整理した。自分の取組についてメタ認知を促すことで，今後の活動に生かすことができるようにした。

7．成果と課題

　　総合的な探究の時間の授業を進める上での難所となるのが，課題となる「問い」を探究的な学習の初期段階において生徒が自ら設定することである。特に探究的な学習に慣れていないことから，先を見通すことができない不安や自己肯定感の低さ，自信の無さ等によって，取組が鈍る生徒が現れてくるのではないかということも懸念された。

　　そこで，探究の対象となる事象について調べ，知識を広げてから「問い」を立てる授業の構成が適切であると考え，探究の過程（1課題の設定→2情報の収集→3整理・分析→4まとめ・表現）の順序を入れ替え，情報の収集を行う中で「問い」が産み出されるように指導計画を構成した。

　　特に「キーワードの設定」「問いを立てる」という部分は，探究的な学習の核になることから，その過程を細分化した課題を1つずつクリアすることによって探究の過程を習得することができる指導計画を立案したことにより，生徒が達成感をもって取組を継続することができた。

　　なお，本学習活動の評価において努力を要すると判断した生徒には，以下の手立てで指導した。

○　簡易的なマインドマップで単語を増やすことができない生徒に対して，教員が話し相手となり，会話の中から単語を見付けられるようにすることで，思考力，判断力，表現力等の育成に努めた。

○　「問い道場」で適切な問いを立てられない生徒に対して，他の生徒が自分の問いをどのように変化させて適切な問いの設定にたどり着いたかということについて，情報交換をするように促して知識及び技能の育成に努めた。また，最後まで諦めないように励まし活動を継続するように促すことで，学びに向かう力，人間性等の育成に努めた。

表10-1　レポートの評価ルーブリック

（指導計画　第5次で作成したレポートの評価）

観点／評価	★タイトル★「問い」を適切に立てられているか?	★第1章★「問い」を立てた理由の説明があるか?	★第2章★「問い」に用いた用語について,説明(定義)しているか?	★第3章 以降★ 本文の内容は充実しているか?	★第3章 以降★ 資料をきちんと調べて活用しているか?	★最終章★きちんとまとめているか?
A（発展）	③ 自分の興味だけではなく他者も興味をもつような具体的な「問い」を立てている。	③ 「問い」を立てた理由を,自分との関わりも含めて説明している。	③ テーマについて,洗練された簡潔な文章でわかりやすく説明している。	⑧ さまざまな視点で「問い」に迫り,充実した内容になっている。	③ 信頼できる資料を多く調べ,多様な立場の意見が示されている。	③ 「問い」に対して自分が導いた答えに加えて,"提言"を行っている。
B（標準）	② 自分の興味に関連した具体的な「問い」を立てている。	② 自分との関わりが書かれているが,「問い」を立てた理由の説明としては少し物足りない。	② テーマについてわかりやすく説明しているが,文章が長くなっている。	④ 「問い」に迫った内容になっているが,さまざまな視点で迫っているとはいいがたい。	② 適切に調べているが,資料の種類数は少なく,多様な立場の意見が示されていない。	② 「問い」に対する自分なりの答えを導いて記述している。
C（要努力）	① 「問い」の形式にはなっているが漠然としている。	① 「興味があるから」「好きだから」程度でしか説明できていない。	① テーマについての説明が不十分で,知らない人にとってわかりにくい。	① 調べた内容を書き写すだけになっている。	① 情報検索がインターネットによるものだけである。	① 自分の感想程度にとどまっている。
なし（不十分）	⓪ 「キーワード」から発展できず「問い」の形式になっていない。	⓪ 書かれていない。	⓪ 説明されていない。	⓪ 内容が伝わらない。何が言いたいのかわからない。	⓪ 資料を調べたとは認められない。	⓪ 何が言いたいのか伝わらない。

〈文章表現・その他〉次の各項目1つクリアにつき1点					得点
□章立てができている。	□そのテーマについて知らない人が読んでも伝わるような文章表現ができている。	□内容を分かりやすくするために必要な図表が効果的に用いられている。	□文末に,出典のルールに従って参考文献がきちんと示されている。	□引用した部分と自分で書いた部分が明確に分かれている。	／5

※　表中の 四角囲み の数字は得点を示している。

職業や自己の将来・進路に関する課題は，義務教育の最終段階にある中学生や中等教育の最終段階にある高校生にとって，切実かつ現実的な課題である。

この課題について，具体的な活動体験や調査活動，仲間との真剣な話し合いを通して学び合う機会をもつことは，生徒が自己の在り方生き方（高等学校）に関する思索を自身の進路に結び付け，自らのキャリアや実生活・実社会で相反する価値の葛藤などについて現実的に検討する上で大きな意義がある。

1 Ｏ市立Ｊ中学校（３年生）の実践事例

本実践事例の中学校は，生徒一人一人が３年間を通してキャリア形成を図るキャリア教育プログラムを設けている。その概要は，自己の人生や実社会の観察から生き方を考える生き方の教育，職業観や仕事観の醸成，価値を問い直す教育などである。教育課程上は，各教科等を横断的・総合的に捉えながら，特に道徳科，総合的な学習の時間，特別活動の時間を組み合わせて年間指導計画を立てている。具体的には，１年生では「親や親せきから人生論を聞く」「現実社会：街の探検」「仕事人インタビュー」，２年生になれば「職業体験学習」「企業プロジェクト学習」，３年生で「進路先調べ学習」（本実践事例）を行う。

この学習過程により，自己の生き方を考えていくための資質・能力を育成するという総合的な学習の時間の特質を踏まえて，さらにシティズンシップ教育の一環と捉えたキャリア教育プログラムを計画的に展開していることが，実践事例校の特色である。

1．単元名

みんなで進路先を調べて発表し合おう（進路先調べ学習）

2．単元目標

○　進路先を調べグループごとに調べ，話し合い，発表し合う探究のプ

ロセスから，高校・高専や各種専門学校等を調べ理解し，知識及び技能等を身に付ける。

○　学校や関係機関等の情報収集や，訪問における質問項目，インタビューや交通調査を調べること，また，成果物にまとめ，発表すること等により，思考力，判断力，表現力，学びに向かう力等を身に付ける。

3. 地域・学校・生徒の実態

　　本実践事例校は都市部に位置している。それゆえ，交通の利便性や人口密度が高く，中学生が進学や就職等を行う高校・高専や各種専門学校，企業・事業所数は多い。ところが，広範な進路先についての正確で新しい情報はそれほど知られていないし，生徒の進路に対する自覚や意欲に格差がみられる。これは保護者においても同じ実態である。

4. 題材について

　　総合的な学習の時間における本単元の扱いは，1・2年次の学習経験を基礎にして，高等学校「総合的な探究の時間」への接続という視点や生徒の現状から考え，本単元の題材を「進路に関する開発的・探究的な学習」とした。

　　学習活動においては，5学級（7グループ編成）35グループが，35か所の進路先を1組から抽選で割り当て，生徒一人一人が探究課題の解決を目指す資質・能力を身に付けられるようにした。

5. 育てたい資質・能力

観点	ア．知識及び技能	イ．思考力，判断力，表現力	ウ．学びに向かう力，人間性等
評価規準	○交通手段や質問事項の設定を通して，当該内容を理解することができる。 ○社会参画の意義を理解することができる。	○主体的・対話的に情報の収集と情報の発信について考えることができる。 ○正確な情報の伝達について，他者に伝える表現ができる。	○多くの情報をつなぎ合わせ，自己実現に向けて組み合わせて，深い学びにつなげることができる。 ○社会の形成者としての自覚をもつことができる。

6．指導計画

(1) 指導計画の概要（全14時間）

次	探究過程	主な学習活動	時数	ア	イ	ウ	評価規準	評価方法
1	課題の設定	○オリエンテーション（体育館）	1	○		○	・実社会の状況，進路学習の意義や方法を理解できる。	・ワークシート
		○グループ編成と役割分担（教室）	1	○			・グループと自己の課題を設定できる。	・行動観察（発言，聞く態度等）
2	情報の収集	○「計画書」づくり	2	○	○		・インターネットや図書館・教室の資料から情報の収集ができる。	・計画書
		○調査行動	4	○	○		・交通機関を活用して行動できる。	・計画書
3	整理・分析	○「報告シート」づくり	2	○	○	○	・情報収集した内容を整理し，発表の準備，制作ができる。	・報告シート，読み原稿
4	まとめ・表現	○学級内リハーサル，学年リハーサル	1	○	○	○	・他のグループの内容に質問意見ができる。	・行動観察（制作，発表の様子，発言，聞く態度等）
		○総合学習発表会	2	○	○	○	・他者にわかる発表を行い，また聞くことができる。	
5	（振り返り）	○振り返り	1			○	・学習活動を振り返り，成果と課題を理解し，内省できる。	・振り返りシート

7．成果と課題

○　多くの訪問先の情報を収集することにより，具体的な進路先を絞る機会となった。また，生徒たちは，自らの興味・関心に応じて相互に質問し合い，情報の交換を積極的に行えるようになってきた。

○　所属するグループの情報や成果物を他グループが参考にして生かすことが多くなり，自己の職業や進路の選択課題の解決に役立っている。

○　学習活動の最後に各自が記入した振り返りシートのアンケート結果から，これまで培った学習経験を踏まえ，1・2年時とは異なる段階の探究的な学習過程にも慣れ，課題解決ができる資質・能力が少しは身に付いたように見て取れた。

○　本学習活動により，「進路先ガイドブック」を作成することができ，生徒や学習発表会の参加者に配付することができた。

　今後の課題としては，進路先全てに対応した規模の学習活動ではないことが挙げられるので，その応用性と活動の規模の妥当性が問われる。組織的な指導体制を確立し，生徒たちの意欲的な学習意欲を引き出し，この時間に育成すべき資質・能力が一層身に付くようにしなければならない。

② 　Ｏ府立Ｋ高等学校（2年生）の実践事例

1．単元名　　○○になりたい私が考える，地域課題の解決への提案

2．単元の目標

　キャリア教育を通してこれまでに培ってきた職業に対する知識や意識を探究の活動と結び付け，地域が抱える課題の解決につながる提案を行う。併せて，職業人としての視点に立って自己の在り方生き方を深め，職業の選択と社会貢献及び自己実現に繋がる力を身に付ける。

3．生徒観

　学科の特性から，就きたい職業を明確に意識できている生徒とそうでない生徒とが二極化している。しかし，意識できている生徒であっても

職業についての理解が十分に深まっているとは言えず，職務内容だけでなく，その職業の社会的意義ややりがいについてさらなる理解が必要であると感じている。

4．題材観及び探究課題

　　ここで取り上げた職業や自己の進路に関わる題材は，総合的な探究の時間の目標として「自己の在り方生き方を考えながら，よりよく課題を発見し解決していく」[5]にも示され，このことは「自己の在り方生き方と一体的で不可分な課題を自ら発見し，解決していくような学びを展開していく」[6]という点で，小・中学校の総合的な学習の時間と異なる部分である。また，本題材により，生徒たちが地域の抱える課題を考え，職業の選択と社会貢献，自己実現等を意識することができ，本校生徒の実態に合った題材であると言える。

　　探究課題は，生徒たちの実態から，「職業」と「社会参画」を組み合わせ，職業人として社会にどのような貢献ができるのかについて焦点を当てた。ここでは，職業人の立場になりきって地域課題の解決を考える活動を，探究の過程に則った形で進め，生徒たちに自己の将来を力強く切り開いていこうとする資質・能力の育成を目指したい。

5．育成を目指す資質・能力

観点	ア．知識及び技能	イ．思考力，判断力，表現力等	ウ．学びに向かう力，人間性等
評価規準	○職業について，その職に就くために必要なプロセスを理解する。 ○地域が抱える問題について，起因や解決が困難である理由について理解する。	○自分が就きたい職業を通して，地域が抱える課題の解決にどのような働きかけができるか考えることができる。 ○作成したレポートの内容について，他者に口頭で説明できる。	○自己の在り方生き方を真剣に考え，地域が抱える課題の解決につながる提案ができるよう，興味や関心をもって最後まで粘り強く課題に取り組むことができる。

6. 指導計画

(1) 指導計画の概要 （全17時間）

次	探究過程	主な学習活動 （ ）：時数	指導上の留意点	○評価観点 （評価方法）
1	課題の設定	○イントロダクション ・予定の確認 ・課題の確認　　　　（2）	・活動の見通しを立て，すべきことの確認を助言する。	
2		○キャリア形成と進路 ・職業について調べる。 ・その職業に就くために必要なプロセスを調べる。　　　　（2）	・社会の一員として何をすべきか，という視点も含めて調べるように促し，職業理解を深めることを促す。	○ア，イ（職業調べレポートの内容）
3		○地域の課題を知る ・市役所の職員に出張講義をお願いし，地域が抱える問題を認識する。　　　　（2）	・地域の問題について，実感をもって感じることができるようにする。	○ア（講演レポートの内容）
4		○「問い」（リサーチクエスチョン）を立てよう ・自分の希望する進路と地域が抱える課題を組み合わせた「問い」を立てる。　　　　（2）	・問いを評価する（大きすぎる，簡単すぎるなど）ことを繰り返して「問い」の精度を高めることを助言する。	○ア，イ（「問い」の内容） ○ウ（取組の様子）
5	情報の収集	○「問い」の解明を目指した調査 ・フィールドワークの実施　　　　（2）	・自主的に文献調査を行い，課題解決を促す。	○ア，イ（調査内容）
6	整理・分析	・レポートの作成　　（2）	・情報収集を生かしたレポートにする。	○ア，イ（レポートの内容）
7	まとめ・表現	○レポート発表 ・学級内の小グループで自身のレポートの概要を発表する。　　　　（2）	・自らの学びを他者に紹介する中で，「まとめ・表現」の過程が深まることを助言する。	○イ，ウ（コメントシートの内容）

8	（発表会） ⬇	○代表生徒による発表会 ・発表内容についてコメントシートに記入する。 ・市役所や地域の方，保護者にも来ていただく。 (2)	・同じ取組をした者の発表から，探究の過程における工夫やポイントを学ぶことができるようにする。	○イ，ウ（コメントシートの内容）
9	振り返り	○学習活動の振り返り ・これまでの活動を振り返りシートにまとめる。 (1)	・成果や課題をこれからの探究活動に生かすことを助言する。	○イ，ウ（振り返りシートの内容）

※上表内　ア「知識及び技能」　イ「思考力，判断力，表現力等」　ウ「主体的に学習に取り組む態度」

(2) 本事例における学習活動の工夫

　　キャリア教育を短期的な進学・就職の指導にとどめず，長期的視点に立って自己実現を促すことを目標として，キャリア教育と探究活動を組み合わせた指導計画を立案し，次のように学習活動を工夫したので紹介する。

［第1次］　イントロダクション

　　単元全体の見通しを生徒に伝え，「自分の進路を考える」ことと「地域の抱える課題を解決につながる提案を行う」ことの二つの柱があることを確認した。

［第2次］　キャリア形成と進路

　　職業調べを実施した。進路関係の書籍，パンフレット，webページなど様々な媒体を活用し，興味のある職業について「業務内容」「必要な資格」「高校卒業時にどのような進路を選択すると良いか」「やりがい」「社会との関連」などの項目を提示し，レポートを作成した。就きたい職業を明確にできていない生徒については，悲観することではないという観点でフォローし，少しでも興味のある職業を仮で良いので選択させて課題を進めた。

［第3次］　地域の課題を知る

　市役所が実施している市民向けの出張講座を活用し，担当の方を招き，地域が抱える課題について具体例を挙げて講演していただいた。高校生が知っていたり容易に想像したりできるようなものだけではなく，生徒の意欲や関心を高めるためにも意外性のある課題についても触れていただくようにお願いした。

［第4次］　「問い」（リサーチクエスチョン）を立てよう

　「自分の進路」と「地域の課題」を組み合わせて「〈職業名〉になりたい私が考える，〈地域が抱える課題〉の解決への提案」という問いの形式を提示し，各自で「問い」を立てた。他節の実践事例と同様に，教員とのやりとりを繰り返しながら，探究課題として適切なものになるように修正する過程を設け，時間をかけて問いの設定を行った。

［第5次］　「問い」の解明を目指した調査

　文献による調査に加え，地域が抱える課題を扱っているので，実際に地域に出かけて調査を行うフィールドワークや地域の方の声を直接聞かせていただくインタビューなどの手法も取り入れて内容を深めるようにした。

［第6次］　整理・分析

　レポート作成に向けて調査結果の整理や分析を行った。

［第7次］　レポート発表

　学級内で4〜5名の小グループを編成してそれぞれのレポートを発表させた。ここでは課題としてメンバーによる質疑応答を必ず行うように指示し，内容を深める議論が展開されるようにした。

［第8次］　代表生徒による発表会

　レポート発表会において優秀であったものについて，市役所の職員，地域や，保護者の方をお招きして学年の生徒が全員集まる場においてステージ発表を行った。

［第9次］　学習活動の振り返り

　学習活動についての振り返り，小グループで発表を行い，成果と課

題を明らかにして，今後の探究学習や進路実現に生かすようにした。

7. 成果と課題

　　ここでは自己の在り方生き方ということに着目し，就職や専門学校などの職業に結びついた進路選択が中心となる学校を想定して，探究活動とキャリア教育と関連し，相乗的に高める指導を行ってきた。その結果，自らの在り方生き方を社会と関連づけて考えるようになり，職業を通して取り組むべきミッションがあることに気付き，社会と職業とのつながりを意識した探究学習を展開することができた。

　　今後の課題としては，探究課題について生徒の意欲を高めるため，市役所担当者との連携を一層図り，「問い」の解明を目指した調査の段階においても生徒とのやり取りを通して協力いただけるようにすることが考えられる。

　　なお，学習活動の評価において，努力を要すると判断した生徒には，以下の手立てで指導した。

○　レポートの内容について，職業との結びつきが弱い場合は，その職業が社会とどのように関わっているかという点を助言することで，生徒の気付きを促し，思考力，判断力，表現力等の育成を図った。

引用文献

1) 文部科学省『高等学校学習指導要領（平成30年告示）解説　総合的な探究の時間編』学校図書 平成31年　p.11

2) 一般社団法人 Think the Earth編著『未来を変える目標 SDGsアイデアブック』紀伊国屋書店　2018年

3) 文部科学省『高等学校学習指導要領（平成30年告示）解説　総合的な探究の時間編』学校図書　平成31年　p.27

4) 同上書 p.11

5) 同上書 p.11

6) 同上書 p.14

参考文献

○後藤芳文・伊藤史織・登本洋子『学びの技 14歳からの探究・論文・プレゼンテーション』玉川大学出版部　2014年

高校生「まとめ・整理のグループ学習」

資料1　　小学校学習指導要領

第5章　「総合的な学習の時間」　全文

2017（平成29）年3月告示

第1　目　標

探究的な見方・考え方を働かせ，横断的・総合的な学習を行うことを通して，よりよく課題を解決し，自己の生き方を考えていくための資質・能力を次のとおり育成することを目指す。

(1)　探究的な学習の過程において，課題の解決に必要な知識及び技能を身に付け，課題に関わる概念を形成し，探究的な学習のよさを理解するようにする。

(2)　実社会や実生活の中から問いを見いだし，自分で課題を立て，情報を集め，整理・分析して，まとめ・表現することができるようにする。

(3)　探究的な学習に主体的・協働的に取り組むとともに，互いのよさを生かしながら，積極的に社会に参画しようとする態度を養う。

第2　各学校において定める目標及び内容

1　目　標

各学校においては，第1の目標を踏まえ，各学校の総合的な学習の時間の目標を定める。

2 内　容

　　各学校においては，第1の目標を踏まえ，各学校の総合的な学習の
時間の内容を定める。

3 各学校において定める目標及び内容の取扱い

　　各学校において定める目標及び内容の設定に当たっては，次の事項
に配慮するものとする。

(1)　各学校において定める目標については，各学校における教育目標
　を踏まえ，総合的な学習の時間を通して育成を目指す資質・能力を
　示すこと。

(2)　各学校において定める目標及び内容については，他教科等の目標
　及び内容との違いに留意しつつ，他教科等で育成を目指す資質・能
　力との関連を重視すること。

(3)　各学校において定める目標及び内容については，日常生活や社会
　との関わりを重視すること。

(4)　各学校において定める内容については，目標を実現するにふさわ
　しい探究課題の解決を通して育成を目指す具体的な資質・能力を示
　すこと。

(5)　目標を実現するにふさわしい探究課題については，学校の実態に
　応じて，例えば，国際理解，情報，環境，福祉・健康などの現代的な
　諸課題に対応する横断的・総合的な課題，地域の人々の暮らし，伝
　統と文化など地域や学校の特色に応じた課題，児童の興味・関心に
　基づく課題などを踏まえて設定すること。

(6)　探究課題の解決を通して育成を目指す具体的な資質・能力につい
　ては，次の事項に配慮すること。

　　ア　知識及び技能については，他教科等及び総合的な学習の時間で
　　習得する知識及び技能が相互に関連付けられ，社会の中で生きて
　　働くものとして形成されるようにすること。

　　イ　思考力，判断力，表現力等については，課題の設定，情報の収集，
　　整理・分析，まとめ・表現などの探究的な学習の過程において発

揮され，未知の状況において活用できるものとして身に付けられるようにすること。

ウ　学びに向かう力，人間性等については，自分自身に関すること及び他者や社会との関わりに関することの両方の視点を踏まえること。

(7)　目標を実現するにふさわしい探究課題及び探究課題の解決を通して育成を目指す具体的な資質・能力については，教科等を越えた全ての学習の基盤となる資質・能力が育まれ，活用されるものとなるよう配慮すること。

第3　指導計画の作成と内容の取扱い

1　指導計画の作成に当たっては，次の事項に配慮するものとする。

(1)　年間や，単元など内容や時間のまとまりを見通して，その中で育む資質・能力の育成に向けて，児童の主体的・対話的で深い学びの実現を図るようにすること。その際，児童や学校，地域の実態等に応じて，児童が探究的な見方・考え方を働かせ，教科等の枠を超えた横断的・総合的な学習や児童の興味・関心等に基づく学習を行うなど創意工夫を生かした教育活動の充実を図ること。

(2)　全体計画及び年間指導計画の作成に当たっては，学校における全教育活動との関連の下に，目標及び内容，学習活動，指導方法や指導体制，学習の評価の計画などを示すこと。

(3)　他教科等及び総合的な学習の時間で身に付けた資質・能力を相互に関連付け，学習や生活において生かし，それらが総合的に働くようにすること。その際，言語能力，情報活用能力など全ての学習の基盤となる資質・能力を重視すること。

(4)　他教科等の目標及び内容との違いに留意しつつ，第1の目標並びに第2の各学校において定める目標及び内容を踏まえた適切な学習活動を行うこと。

(5) 各学校における総合的な学習の時間の名称については，各学校において適切に定めること。

(6) 障害のある児童などについては，学習活動を行う場合に生じる困難さに応じた指導内容や指導方法の工夫を計画的，組織的に行うこと。

(7) 第1章総則の第1の2の(2) に示す道徳教育の目標に基づき，道徳科などとの関連を考慮しながら，第3章特別の教科道徳の第2に示す内容について，総合的な学習の時間の特質に応じて適切な指導をすること。

2　第2の内容の取扱いについては，次の事項に配慮するものとする。

(1) 第2の各学校において定める目標及び内容に基づき，児童の学習状況に応じて教師が適切な指導を行うこと。

(2) 探究的な学習の過程においては，他者と協働して課題を解決しようとする学習活動や，言語により分析し，まとめたり表現したりするなどの学習活動が行われるようにすること。その際，例えば，比較する，分類する，関連付けるなどの考えるための技法が活用されるようにすること。

(3) 探究的な学習の過程においては，コンピュータや情報通信ネットワークなどを適切かつ効果的に活用して，情報を収集・整理・発信するなどの学習活動が行われるよう工夫すること。その際，コンピュータで文字を入力するなどの学習の基盤として必要となる情報手段の基本的な操作を習得し，情報や情報手段を主体的に選択し活用できるよう配慮すること。

(4) 自然体験やボランティア活動などの社会体験，ものづくり，生産活動などの体験活動，観察・実験，見学や調査，発表や討論などの学習活動を積極的に取り入れること。

(5) 体験活動については，第1の目標並びに第2の各学校において定める目標及び内容を踏まえ，探究的な学習の過程に適切に位置付けること。

⑹　グループ学習や異年齢集団による学習などの多様な学習形態，地域の人々の協力も得つつ，全教師が一体となって指導に当たるなどの指導体制について工夫を行うこと。

⑺　学校図書館の活用，他の学校との連携，公民館，図書館，博物館等の社会教育施設や社会教育関係団体等の各種団体との連携，地域の教材や学習環境の積極的な活用などの工夫を行うこと。

⑻　国際理解に関する学習を行う際には，探究的な学習に取り組むことを通して，諸外国の生活や文化などを体験したり調査したりするなどの学習活動が行われるようにすること。

⑼　情報に関する学習を行う際には，探究的な学習に取り組むことを通して，情報を収集・整理・発信したり，情報が日常生活や社会に与える影響を考えたりするなどの学習活動が行われるようにすること。第1章総則の第3の1の⑶のイに掲げるプログラミングを体験しながら論理的思考力を身に付けるための学習活動を行う場合には，プログラミングを体験することが，探究的な学習の過程に適切に位置付くようにすること。

第４章　「総合的な学習の時間」　全文

2017（平成 29）年 3 月告示

第1　目　標

　探究的な見方・考え方を働かせ，横断的・総合的な学習を行うことを通して，よりよく課題を解決し，自己の生き方を考えていくための資質・能力を次のとおり育成することを目指す。

(1)　探究的な学習の過程において，課題の解決に必要な知識及び技能を身に付け，課題に関わる概念を形成し，探究的な学習のよさを理解するようにする。

(2)　実社会や実生活の中から問いを見いだし，自分で課題を立て，情報を集め，整理・分析して，まとめ・表現することができるようにする。

(3)　探究的な学習に主体的・協働的に取り組むとともに，互いのよさを生かしながら，積極的に社会に参画しようとする態度を養う。

第2　各学校において定める目標及び内容

1　目　標
　　各学校においては，第1の目標を踏まえ，各学校の総合的な学習の時間の目標を定める。

2　内　容
　　各学校においては，第1の目標を踏まえ，各学校の総合的な学習の時間の内容を定める。

3　各学校において定める目標及び内容の取扱い
　　各学校において定める目標及び内容の設定に当たっては，次の事項

に配慮するものとする。

(1) 各学校において定める目標については，各学校における教育目標を踏まえ，総合的な学習の時間を通して育成を目指す資質・能力を示すこと。

(2) 各学校において定める目標及び内容については，他教科等の目標及び内容との違いに留意しつつ，他教科等で育成を目指す資質・能力との関連を重視すること。

(3) 各学校において定める目標及び内容については，日常生活や社会との関わりを重視すること。

(4) 各学校において定める内容については，目標を実現するにふさわしい探究課題，探究課題の解決を通して育成を目指す具体的な資質・能力を示すこと。

(5) 目標を実現するにふさわしい探究課題については，学校の実態に応じて，例えば，国際理解，情報，環境，福祉・健康などの現代的な諸課題に対応する横断的・総合的な課題，地域や学校の特色に応じた課題，生徒の興味・関心に基づく課題，職業や自己の将来に関する課題などを踏まえて設定すること。

(6) 探究課題の解決を通して育成を目指す具体的な資質・能力については，次の事項に配慮すること。

　ア　知識及び技能については，他教科等及び総合的な学習の時間で習得する知識及び技能が相互に関連付けられ，社会の中で生きて働くものとして形成されるようにすること。

　イ　思考力，判断力，表現力等については，課題の設定，情報の収集，整理・分析，まとめ・表現などの探究的な学習の過程において発揮され，未知の状況において活用できるものとして身に付けられるようにすること。

　ウ　学びに向かう力，人間性等については，自分自身に関すること及び他者や社会との関わりに関することの両方の視点を踏まえること。

(7) 目標を実現するにふさわしい探究課題及び探究課題の解決を通して育成を目指す具体的な資質・能力については，教科等を越えた全ての学習の基盤となる資質・能力が育まれ，活用されるものとなるよう配慮すること。

第3　指導計画の作成と内容の取扱い

1　指導計画の作成に当たっては，次の事項に配慮するものとする。
(1) 年間や，単元など内容や時間のまとまりを見通して，その中で育む資質・能力の育成に向けて，生徒の主体的・対話的で深い学びの実現を図るようにすること。その際，生徒や学校，地域の実態等に応じて，生徒が探究的な見方・考え方を働かせ，教科等の枠を超えた横断的・総合的な学習や生徒の興味・関心等に基づく学習を行うなど創意工夫を生かした教育活動の充実を図ること。
(2) 全体計画及び年間指導計画の作成に当たっては，学校における全教育活動との関連の下に，目標及び内容，学習活動，指導方法や指導体制，学習の評価の計画などを示すこと。その際，小学校における総合的な学習の時間の取組を踏まえること。
(3) 他教科等及び総合的な学習の時間で身に付けた資質・能力を相互に関連付け，学習や生活において生かし，それらが総合的に働くようにすること。その際，言語能力，情報活用能力など全ての学習の基盤となる資質・能力を重視すること。
(4) 他教科等の目標及び内容との違いに留意しつつ，第1の目標並びに第2の各学校において定める目標及び内容を踏まえた適切な学習活動を行うこと。
(5) 各学校における総合的な学習の時間の名称については，各学校において適切に定めること。
(6) 障害のある生徒などについては，学習活動を行う場合に生じる困難さに応じた指導内容や指導方法の工夫を計画的，組織的に行う

こと。

(7) 第1章総則の第1の2の(2)に示す道徳教育の目標に基づき，道徳科などとの関連を考慮しながら，第3章特別の教科道徳の第2に示す内容について，総合的な学習の時間の特質に応じて適切な指導をすること。

2 第2の内容の取扱いについては，次の事項に配慮するものとする。

(1) 第2の各学校において定める目標及び内容に基づき，生徒の学習状況に応じて教師が適切な指導を行うこと。

(2) 探究的な学習の過程においては，他者と協働して課題を解決しようとする学習活動や，言語により分析し，まとめたり表現したりするなどの学習活動が行われるようにすること。その際，例えば，比較する，分類する，関連付けるなどの考えるための技法が活用されるようにすること。

(3) 探究的な学習の過程においては，コンピュータや情報通信ネットワークなどを適切かつ効果的に活用して，情報を収集・整理・発信するなどの学習活動が行われるよう工夫すること。その際，情報や情報手段を主体的に選択し活用できるよう配慮すること。

(4) 自然体験やボランティア活動などの社会体験，ものづくり，生産活動などの体験活動，観察・実験，見学や調査，発表や討論などの学習活動を積極的に取り入れること。

(5) 体験活動については，第1の目標並びに第2の各学校において定める目標及び内容を踏まえ，探究的な学習の過程に適切に位置付けること。

(6) グループ学習や異年齢集団による学習などの多様な学習形態，地域の人々の協力も得つつ，全教師が一体となって指導に当たるなどの指導体制について工夫を行うこと。

(7) 学校図書館の活用，他の学校との連携，公民館，図書館，博物館等の社会教育施設や社会教育関係団体等の各種団体との連携，地域の

教材や学習環境の積極的な活用などの工夫を行うこと。

(8) 職業や自己の将来に関する学習を行う際には，探究的に取り組む
ことを通して，自己を理解し，将来の生き方を考えるなどの学習活
動が行われるようにすること。

資料3　　高等学校学習指導要領

第4章　「総合的な探究の時間」　全文

2018（平成30）年3月告示

第1　目　標

　探究の見方・考え方を働かせ，横断的・総合的な学習を行うことを通して，自己の在り方生き方を考えながら，よりよく課題を解決していくための資質・能力を次のとおり育成することを目指す。

(1)　探究の過程において，課題の発見と解決に必要な知識及び技能を身に付け，課題に関わる概念を形成し，探究の意義や価値を理解するようにする。

(2)　実社会や実生活と自己との関わりから問いを見いだし，自分で課題を立て，情報を集め，整理・分析して，まとめ・表現することができるようにする。

(3)　探究に主体的・協働的に取り組むとともに，互いのよさを生かしながら，新たな価値を創造し，よりよい社会を実現しようとする態度を養う。

第2　各学校において定める目標及び内容

1　目　標
　各学校においては，第1の目標を踏まえ，各学校の総合的な探究の時間の目標を定める。

2　内　容
　各学校においては，第1の目標を踏まえ，各学校の総合的な探究の時間の内容を定める。

3 各学校において定める目標及び内容の取扱い

　各学校において定める目標及び内容の設定に当たっては，次の事項に配慮するものとする。

(1) 各学校において定める目標については，各学校における教育目標を踏まえ，総合的な探究の時間を通して育成を目指す資質・能力を示すこと。

(2) 各学校において定める目標及び内容については，他教科等の目標及び内容との違いに留意しつつ，他教科等で育成を目指す資質・能力との関連を重視すること。

(3) 各学校において定める目標及び内容については，地域や社会との関わりを重視すること。

(4) 各学校において定める内容については，目標を実現するにふさわしい探究課題，探究課題の解決を通して育成を目指す具体的な資質・能力を示すこと。

(5) 目標を実現するにふさわしい探究課題については，地域や学校の実態，生徒の特性等に応じて，例えば，国際理解，情報，環境，福祉・健康などの現代的な諸課題に対応する横断的・総合的な課題，地域や学校の特色に応じた課題，生徒の興味・関心に基づく課題，職業や自己の進路に関する課題などを踏まえて設定すること。

(6) 探究課題の解決を通して育成を目指す具体的な資質・能力については，次の事項に配慮すること。

　ア　知識及び技能については，他教科等及び総合的な探究の時間で習得する知識及び技能が相互に関連付けられ，社会の中で生きて働くものとして形成されるようにすること。

　イ　思考力，判断力，表現力等については，課題の設定，情報の収集，整理・分析，まとめ・表現などの探究の過程において発揮され，未知の状況において活用できるものとして身に付けられるようにすること。

　ウ　学びに向かう力，人間性等については，自分自身に関すること

及び他者や社会との関わりに関することの両方の視点を踏まえること。

(7) 目標を実現するにふさわしい探究課題及び探究課題の解決を通して育成を目指す具体的な資質・能力については，教科・科目等を越えた全ての学習の基盤となる資質・能力が育まれ，活用されるものとなるよう配慮すること。

第3　指導計画の作成と内容の取扱い

1　指導計画の作成に当たっては，次の事項に配慮するものとする。

(1) 年間や，単元など内容や時間のまとまりを見通して，その中で育む資質・能力の育成に向けて，生徒の主体的・対話的で深い学びの実現を図るようにすること。その際，生徒や学校，地域の実態等に応じて，生徒が探究の見方・考え方を働かせ，教科・科目等の枠を超えた横断的・総合的な学習や生徒の興味・関心等に基づく学習を行うなど創意工夫を生かした教育活動の充実を図ること。

(2) 全体計画及び年間指導計画の作成に当たっては，学校における全教育活動との関連の下に，目標及び内容，学習活動，指導方法や指導体制，学習の評価の計画などを示すこと。

(3) 目標を実現するにふさわしい探究課題を設定するに当たっては，生徒の多様な課題に対する意識を生かすことができるよう配慮すること。

(4) 他教科等及び総合的な学習の時間で身に付けた資質・能力を相互に関連付け，学習や生活において生かし，それらが総合的に働くようにすること。その際，言語能力，情報活用能力など全ての学習の基盤となる資質・能力を重視すること。

(5) 他教科等の目標及び内容との違いに留意しつつ，第1の目標並びに第2の各学校において定める目標及び内容を踏まえた適切な学習活動を行うこと。

(6) 各学校における総合的な探究の時間の名称については，各学校において適切に定めること。

(7) 障害のある生徒などについては，学習活動を行う場合に生じる困難さに応じた指導内容や指導方法の工夫を計画的，組織的に行うこと。

(8) 総合学科においては，総合的な探究の時間の学習活動として，原則として生徒が興味・関心，進路等に応じて設定した課題について知識や技能の深化，総合化を図る学習活動を含むこと。

2 **第2の内容の取扱いについては，次の事項に配慮するものとする。**

(1) 第2の各学校において定める目標及び内容に基づき，生徒の学習状況に応じて教師が適切な指導を行うこと。

(2) 課題の設定においては，生徒が自分で課題を発見する過程を重視すること

(3) 第2の3の(6)のウにおける両方の視点を踏まえた学習を行う際には，これらの視点を生徒が自覚し，内省的に捉えられるよう配慮すること。

(4) 探究の過程においては，他者と協働して課題を解決しようとする学習活動や，言語により分析し，まとめたり表現したりするなどの学習活動が行われるようにすること。その際，例えば，比較する，分類する，関連付けるなどの考えるための技法が自在に活用されるようにすること。

(5) 探究の過程においては，コンピュータや情報通信ネットワークなどを適切かつ効果的に活用して，情報を収集・整理・発信するなどの学習活動が行われるよう工夫すること。その際，情報や情報手段を主体的に選択し活用できるよう配慮すること。

(6) 自然体験や就業体験活動，ボランティア活動などの社会体験，ものづくり，生産活動などの体験活動，観察・実験・実習，調査・研究，発表や討論などの学習活動を積極的に取り入れること。

(7)　体験活動については，第1の目標並びに第2の各学校において定める目標及び内容を踏まえ，探究の過程に適切に位置付けること。

(8)　グループ学習や個人研究などの多様な学習形態，地域の人々の協力も得つつ全教師が一体となって指導に当たるなどの指導体制について工夫を行うこと。

(9)　学校図書館の活用，他の学校との連携，公民館，図書館，博物館等の社会教育施設や社会教育関係団体等の各種団体との連携，地域の教材や学習環境の積極的な活用などの工夫を行うこと。

⑽　職業や自己の将来に関する学習を行う際には，探究的に取り組むことを通して，自己を理解し，将来の在り方生き方を考えるなどの学習活動が行われるようにすること。

お わ り に

　2017（平成 29）年 3 月，小・中学校学習指導要領の改訂が行われ，翌年，高等学校においても学習指導要領の改訂が実施された。

　今回の学習指導要領の改訂は，これからの不透明で見通しの立ちにくい2030 年の社会，さらには，その先の社会において，子どもたちが成人し活躍が期待される時期に，豊かな未来を築くために教育の方向性を示した学習指導要領と言える。

　これらのことを踏まえ，平成 20・21 年改訂の学習指導要領の枠組みや教育内容を維持した上で，知識の理解の質をさらに高め確かな学力を育成したりすること，また，体験的な活動を通したり，問題解決的な学習や協働的な学習などを重視したりして，学びの質を高めることなどが期待されている。とりわけ，「総合的な学習・探究の時間」は，教科等の枠を超えた横断的・総合的な学習であり，児童生徒が問題を見付け，課題を設定し，解決に向けての情報を収集したり，整理・分析したりして，課題解決に向けて自らの考えをまとめていく探究的な教育活動である。

　このような学びは，これからの社会を生き抜くために必要な資質・能力を身に付けていくために欠かすことのできない学習プロセスであると言える。

　これらのことを踏まえ，今回の学習指導要領の改訂においては，「総合的な学習・探究の時間」の学びを通して，子どもたちの未来に必要とする資質・能力を身に付けていくことが，切に望まれている。

　このような中において，小学校から高等学校までの内容を一冊にして理解を深める書籍の極めて少ないことや，また，各大学の教職課程における

この時間のテキストや資料等も十分であるとは言えないこと等の課題が挙げられる。そこで，本書が各学校や各大学において活用され，理論と実践が深まりますことや，学修活動の一端を担えることを心より願ってやみません。

　2023（令和5）年3月15日

大阪成蹊大学　教　授　　　松　田　　修

□ 索 引 □

【アルファベット】

【か　な】

小学生「グループ学習」

中学生「地域の学習」

高校生「情報の収集」

□ 編著者 □

中園大三郎　はじめに，第1章第1節〜第4節，第2章第1節**1**・**2**・第2節**2**，コラムー4・5・6，資料

　　　　　　（神戸医療未来大学，前大和大学，元兵庫教育大学大学院，日本生活科・総合的学習教育学会員）

松田　　修　第5章第1節〜第3節**1**〜**4**，おわりに，索引

　　　　　　（大阪成蹊大学，前兵庫教育大学大学院，日本生活科・総合的学習教育学会員）

中尾　豊喜　第3章第1節〜第3節，第6章第2節**2**・第3節**1**・**2**，第7章第3節**1**〜**3**，第9章第1節〜第5節，第10章第3節**2**・第4節**1**

　　　　　　（大阪体育大学，関西学院大学，甲南女子大学，日本生活科・総合的学習教育学会員）

□ 執筆者一覧　（執筆順）□

松田　忠喜　第2章第2節**1**，第6章第2節**1**

　　　　　　（大和大学，関西大学，神戸大学，大阪成蹊短期大学，日本生活科・総合的学習教育学会員）

安田　陽子　第4章第1節・第2節

　　　　　　（前関西大学・花園大学，日本生活科・総合的学習教育学会員）

中園　貴之　第6章第1節**1**，第10章第2節**1**，コラムー2

　　　　　　（大阪府大阪市立春日出小学校、日本生活科・総合的学習教育学会員）

藤原　靖浩　第6章第1節**2**・**3**・第2節**3**、第10章第1節**2**・第2節**2**

　　　　　　（関西福祉科学大学，京都産業大学，日本生活科・総合的学習教育学会員）

秋山　麗子　第7章第1節・第2節**1**〜**3**

　　　　　　（神戸松蔭女子学院大学，日本生活科・総合的学習教育学会員）

天野　義美　第7章第3節4・5

　　　　　　（関西学院大学，関西国際大学，森ノ宮医療大学）

村田　卓生　第8章第1節・第2節，コラムー1

　　　　　　（四天王寺大学，相愛大学，英風高等学校，日本生活科・総合的学習教育学会員）

濱川　昌人　第10章第1節**1**・第3節**1**，コラムー3

　　　　　　（大和大学，神戸大学，高野山大学，日本生活科・総合的学習教育学会員）

谷　　昌之　第10章第1節**3**・第2節**3**・第3節**3**・第4節**3**，コラムー7

　　　　　　（大阪府立天王寺高等学校）

小・中・高等学校「総合的な学習・探究の時間の指導」
―新学習指導要領に準拠した理論と実践― 第2版

2020年1月12日　初版発行
2023年3月19日　第2版発行

編　著　中園大三郎（代表）
　　　　松田修、中尾豊喜
発行所　学術研究出版
　　　　〒670-0933　兵庫県姫路市平野町62
　　　　［販売］Tel.079(280)2727　Fax.079(244)1482
　　　　［制作］Tel.079(222)5372
　　　　https://arpub.jp
印刷所　小野高速印刷株式会社
©Daisaburou Nakazono 2023, Printed in Japan
ISBN978-4-911008-10-2